MAGASIN DU BIBLIOPHILE,

ET SOUVENIRS BIBLIOGRAPHIQUES,

A l'usage des amis des Sciences, des Arts & des Lettres, & généralement de tous ceux qui ont des Livres à se procurer.

Ces Ouvrages, au nombre de trois, qui doivent paraître (par souscription) le 1 & le 16 chaque mois, forment ensemble le plan d'une NOUVELLE BIBLIOGRAPHIE, *destinée à délivrer l'ancienne de ce qu'elle présente de trop scientifique, à la réduire au plus petit nombre de volumes possible, & à en lier tellement toutes les parties, que l'on soit toujours au courant de la* Bibliographie no[uve]lle, *sans perdre un seul instant de vue la* moderne & l'ancienne. — Le tableau suivan[t in]dique le titre de ces ouvrages, le nombre de leurs volumes, les conditions de l'abon[nem]ent pour ceux qui souscriront avant la fin de l'an V & pour ceux qui souscriront ap[rès], & la quotité de leur prix franc de port.

NOMS DES OUVRAGES.	NOMBRE de pages de chaque livraison.	NOMBRE de feuilles qui paraîtr. chaq. année	NOMBRE de volum. de chaque ouvrage.	PRIX de 24 feuilles in-8. Souscripteurs de l'an V.	Souscripteurs de l'an VI &c.	ÉPOQUES auxquelles doit paraître la première livraison.
Souvenirs de quinzaine...	2 p. in-8.	3 fe. in 8. sans le supplém.	....	*gratis*......	francs. pet. pap. 4	1 floréal an V.
Souvenir général........	32 p. *id.*	48 f. env.	2 v. in-8.	francs. pet. pap. 5 gr. pap. 7	pet. pap. 6 gr. pap. 9	1 vendém. an VI.
Magasin du Bibliophile...	*Idem*....	*Idem*....	6 v. in-8.	pet. pap. 4	pet. pap. 5	1 floréal an V.

Quant à ceux qui voudront faire insérer, à la suite du premier de ces ouvrages, des *catalogues* de Livres au rabais, des *prospectus*, des *avis*, & même des découvertes intéressantes, ou des ventes d'objets rares & précieux, &c., voici cequ'il en coûtera pour chaque *ligne* d'insertion.

1°. Pour être envoyé *sous bandes imprimées* à tous les Abonnés à la NOUVELLE BIBLIOGRAPHIE, aux Libraires de tous les pays, & à tous ceux qui se feront inscrire pour les recevoir ;

- Au-dessous de 500 exemplaires, 2 s. 3 d.
- De 500 à 1000................ 2 6
- De 1000 à 2000................ 3 3
- De 2000 à 3000................ 4
- Ainsi de chaque 1000, qui augmenteront le prix de chaque *ligne* de 9 d.

2°. Pour l'envoi *idem* au Corps législatif, à toutes les Autorités constituées de Paris, à chaque membre de l'Institut national, du Lycée des Arts, de la Faculté de Médecine, & autres sociétés savantes; & enfin à chaque Homme de loi, Notaire, Défenseur officieux, ainsi qu'aux Cabinets littéraires & Cafés remarquables de la même ville ; 3 s.

3°. Pour l'envoi à toutes les Autorités administratives & judiciaires des chefs-lieux de chaque Département, tant anciens que réunis; 4 s.

4°. Enfin, à toutes celles de chaque Canton, au nombre de 5 exemplaires; 1 # »

Nous observons ici que pour tirer partie de cette extension donnée à notre Etablissement, il est nécessaire de se présenter promptement, attendu que l'on n'imprimera chaque classe ou réunion de classes qu'autant qu'il y aura 8 pages pleines des deux premieres classes réunies ou non réunies, 4 pages pleines des trois premieres classes réunies, & 2 pages pleines des quatre classes réunies. Quant à ceux qui ne voudront point attendre qu'elles soient remplies, ils payeront comme pour 8 pages dans le premier cas, comme pour 4 pag. dans le second, & comme pour 2 pag. dans le troisieme. Les 20 premieres lignes seront toujours payées doubles dans la premiere classe, les 15 premieres dans la 2e., les 10 premieres dans la 3e., & les 5 premieres dans la 4e.

S'adresser, par lettre affranchie, à AUBRY, *libraire & directeur du* CABINET BIBLIOGRAPHIQUE, *rue Baillet*, n°. 2, *près celle de la Monnaie*, où l'on peut en même-temps déposer toute sorte d'ouvrages, se procurer tous ceux que l'on voudra, & s'abonner sans frais à tels Journaux que ce soit; le tout en se conformant au *prospectus* qui suit.

PROSPECTUS DU CABINET BIBLIOGRAPHIQUE.

De toutes les parties de la France & de l'Étranger, on peut s'adresser à ce *Cabinet*, soit pour y faire des demandes, soit pour y déposer ses ouvrages, soit pour y faire des abonnemens de Journaux.

Si ce sont des demandes, on remettra à ceux qui les feront une instruction imprimée, qui contiendra les conditions particulieres auxquelles il faut se soumettre.

Si ce sont des dépôts, en voici d'abord les motifs. Placés comme nous le sommes au centre de Paris, il ne peut être que très-agréable au public de trouver rassemblé, dans le même endroit, ce qui fait l'objet de ses éternelles recherches. Tant d'ouvrages en effet se succedent, tant de Journaux en rendent compte, & tant de Libraires en tiennent les fonds, que la mémoire la plus vaste ne saurait tenir à une telle multiplicité d'objets. Nous ne pouvons pas, il est vrai, tout réunir: mais qui pourrait nous croire assez insensés pour en former le projet? Ne savons-nous pas que les gros magasins de librairie sont aussi des *Cabinets bibliographiques*, & que le nôtre n'a sur eux que l'avantage d'avoir un répertoire général. Nous nous bornons donc à faciliter les recherches du public; & si nous lui proposons de nous charger du dépôt de tous les ouvrages que l'on nous présentera, c'est qu'ayant remarqué que les Auteurs, Éditeurs & Libraires n'étaient das tous placés commodément pour la vente de leurs livres, ni à même de faire imprimer des catalogues toutes les fois qu'ils en ont besoin, nous avons cru que c'était pour eux une excellente occasion de se procurer l'un & de s'épargner l'autre.

Voici maintenant les conditions du dépôt. Elles consistent à ne faire jamais remettre au *Cabinet* pour plus de 12 ou 15 fr. de chaque ouvrage, ni pour moins de 6 à 8 francs, si ce n'est cependant les Éditeurs & Libraires des départemens & de l'étranger, qui pourront décupler ces sommes s'ils veulent, mais point au-delà.

Quant à l'abonnement des Journaux, la Liste suivante donnera à tous les Correspondans du *Cabinet bibliographique* la faculté de s'y adresser directement, & de s'éviter même, s'ils le jugent à propos (notamment ceux qui ont plusieurs trimestres à renouveller à la fois) l'embarras des écritures, ainsi que les faux frais qu'elles occasionnent; & comme on a eu soin d'y recueillir plusieurs numéros de chaque Journal, il sera facile à ceux qui ne voudront s'en rapporter qu'à eux-mêmes sur le choix à faire, de se déterminer d'après la connaissance qu'ils acquéreront de la nature des opinions qu'ils renferment, & du style dans lequel ils sont écrits.

LISTE GÉNÉRALE DES JOURNAUX auxquels on peut s'abonner, sans aucun droit de commission, en s'adressant au *Cabinet bibliogr.*

Table des abréviations de la seconde colonne de cette liste.

Aff. - Affiches & annonces. Agr. - Agriculture. B. - Cours de la bourse de Paris. Com. - Commerce. CC. - Culte Catholique. D. — Actes du Directoire exécutif & des autres Autorités Constituées. Jur. — Jurisprudence. L. -- Littérature. Mar. -- Marine et Colonies. Méd. -- Médecine, &c. Mil. - Militaire. NP. — Nouvelles politiques P. — politique. S. — Séances des deux Conseils. SC. - Sciences & Arts. SP. - Annonces de Spectacles. V. - Variétés.

Observation essentielle. Les lettres ordinaires veulent dire que l'on ne traite que faiblement, dans les journaux, la matière indiquée; les petites majuscules, qu'elles y sont plus détaillées; & les grandes, qu'on y entre dans de grands développemens.

Nota. Tous les prix sont ceux des départemens; quant à ceux de Paris, on les indiquera au *Cabinet Bibliographique*.

NOMS des JOURNAUX.	LEURS MATIERES.	NOMBRE DES PAGES ou Feuilles.	JOURS qu'ils paraissent	LEURS PRIX POUR 3 MOIS.		6 MOIS.	1 AN.
Agriculture, Commerce, Manufctures, etc.							
Affich. Annon. de Paris.	AF. L. B. SP.	12 p. in-8.	t. les j.	9 l.		17 l.	30 l.
Arts & Manufac. (j. des)	SC.	10 fe. in-8.	t. les m.	9		18	36
Commerce. (jour. du)	COM. f. np B.	4 p. in-4.	t. les j.	9		18	36
Feuille du Cultivateur.	AGR. com.	4 et 8 p. 4.	t. les 5 j.	»		»	15
Indicateur du Com. (l').	COM. f. B.	4 p. in-4.	t. les 2 j.	7	10 s.	15	30
Indications (journal d')	AF. f. SP. B.	20 p. in-8.	t. les j.	9		18	34
Prix courant, &c.	COM. B.	8 p. in-8.	t. les 2 j.	6		12	24
Répertoire des Indicat.	AFF. f. SP. B.	16 p. in-8.	t. les j.	8		14	25

NOMS des JOURNAUX.	LEURS MATIÈRES.	NOMBRE DES PAGES ou feuilles.	JOURS qu'ils paraissent.	LEURS PRIX POUR 3 MOIS.	6 MOIS.	1 AN.
Culte Catholique.						
Annales de la relig. chrét.	CC. Morale.	24 p. in-8.	t. l. sam.	»	10 l.	18 l.
Instruction publique.						
Courier des enfans.	pet. contes.	72 p. in-18.	t. l. 15 j.	»	»	12
Ecole Polytech. (j. de l')	SC.	env. 300 p. in-4.	s. j. fixe.	14 l. les 4 premiers num.		
Jurisprudence et Législation.						
Droits et Devoirs. (j. des)	JUR. Morale.	2 fe. in-8.	t. les 5 j.	7 l. 10 s.	15 l.	30 l.
Législation. (journal de)	JUR.	5 fe. in-8.	t. l. mo.	9	18	36
Littérature, Sciences et Arts.						
Annales de Chymie.	SC.	8 fe. in-8.	t. les m.	9	18	36
Bulletin de Littérature. .	L. ann. de liv.	8 p. in-8.	t. les 5 j.	»	8	12
Courier de la Librairie. .	Ann. de liv.	4 p. in-8.	t. l. 8 j.			6
Courier des Spectacles. .	Spectacles.	4 p. in-4.	t. les j.	7 10 s.	15	30
Décade philosophique. .	sc. agr. L. P.	4 fe. in-8.	t. l. 10 j.	7 10 s.	15	30
Dîners du vaudeville (les)	LITTÉR.	36 p. in-18.	t. les m.	»	»	8
Feuille du Bibliophile. .	Ann. de liv.	8 p. in-8.	t. l. 10 j.	»	»	6
Feuilleton des spectacles.	SP. l. v.	4 p. in-8.	t. les j.	3	6	12
Journal littér. de Clément.	L. SC.	2 fe. in-8.	t. l. jeu.	8	15	25
Magasin encyclopédique.	L. SC.	9 fe. in-8.	t. l. 15 j.	9	18	36
Mercure Français. . . .	L. NP. v. s.	4 fe. in-8.	t. l. 10 j.	9	15	30
Militaire. (journal). . .	MIL.	8 p. in-8.	t. l. 5 j.	7 10 s.	15	30
Muses (Journal des). . .	L. var.	in-18.	t. l. mo.	»	»	15
Nouvelliste Littéraire. .	L. ann. de liv.	8 p. in-8.	t. l. 15 j.	»	»	4
Polymathiste. (le). . . .	L. SC.	40 p. in-8.	t. l. mo.	2 5 s.	4	7
Recueil périod. de méd.	MÉD.	4 à 5 f. in-8.	t. l. mo.	»	»	15
Répertoire anecdotique.	ANECDOTES.	24 p. in-12.	t. l. 5 j.	7 10 s.	14	24
Savans. (reprise du j. des)	L. SC.	4 f. in-4.	t. l. 15 j.	»	12	21.
Soirées littéraires	L.	48 p. in-8.	t. l. 15 j.	5	9	15
Politique, Séances des Conseils, etc.						
Abeille. (l').	p. com. l.	4 p. in-8.	t. les 3 j.	»	7	
Abréviateur universel. . .	NP. d. s. l. v.	4 p. in-4.	t. les j.	9	18	36
Accusateur public.	P. L.	2 fe. in-8.	s. j. fixe.	»	12	24
Actes des Apôtres.	P. L. v.	24 p. in-8.	t. les di.	6	11	20
Ami des loix. (l'). . . .	P. s. V. d.	4 p. in-4.	t. les j.	9	16	30
Ami de la Patrie. (l'). .	np. v. d. s.	4 p. in-4.	t. les j.	7	14	28
Ami du Peuple. (l'). .	p. s. var. d.	4 p. in-4.	t. les j.	12	»	»
Annales patriotiques. . .	np. v. d. s. b.	4 p. in-4.	t. les j.	8	15	30
Annales polit. de Linguet.	p. l.	2 fe. in-8.	t. les 5 j.	9	17	33
Annales de la Rép. Fran.	np. v. d. s.	4 p. in-4.	t. les j.	9	18	36
Auditeur national. (l').	s. d. v. np. B.	8 p. in-8.	t. les j.	9	18	32
Batave. (le).	np. v. d. s.	4 p. in-4.	t. les j.	9	18	36
Bons & mauvais. (gal. des)	P.	6 feu. in-8.	t. l. 15 j.	9	18	36
Bulletin national.	np. v. d. s. b.	4 p. in-4.	t. les j.	9	18	33
Buonaparte (journal de).	np. v. d. s.	4 p. in-4.	t. les j.	9	18	36
Campagnes (jour. des).	v. d. np. s. B.	4 p. in-4.	t. les j.	7 10 s.	15	24
Censeur des Journaux. .	np. v. d. s. B.	4 p. in-4.	t. les j.	9	18	36
Chronique de France. .	np. v. d. s.	4 p. in-4.	t. les j.	9	16	32
Clef du Cabinet.	P. L. V. D. S.	8 p. 8. g. p.	t. les j.	9	18	36
Courier du Corps législ. .	s. v. d. np. b.	4 p. in-4.	t. les j.	9	18	36
Courier des Départem. .	s. v. d. np. b.	8 p. in-8.	t. les j.	9	18	36
Courier de Paris.	np. v. d. s. b.	4 p. in-4.	t. les j.	9	18	36
Courier républicain . . .	s. np. v. d. b.	8 p. in-8.	t. les j.	9	18	36
Créole patriote	np. v. d. s.	4 p. in-4.	t. les j.	9	17	33
Débats. (journal des). . .	S. D.	8 p. in-8.	t. les j.	15	30	60
Défens. de la Pat. (j. des)	NP. b. v. d. S.	8 p. in-8.	t. les j.	9	18	36
Déjeûner. (le).	l. v. d. s. b. sp.	4 p. in-4.	t. les j.	9	17	33

NOMS des JOURNAUX.	LEURS MATIÈRES.	NOMBRE DES PAGES ou Feuilles.	JOURS qu'ils paraissent.	LEURS PRIX POUR 3 MOIS.	6 MOIS.	1 AN.
De tout un peu........	np. v. d. ſ.	4 p. in-4.	t. les j.	9 l.	18 l.	30 l.
Eclair. (l')...........	B. np. v. d. ſ.	4 p. in-4.	t. les j.	9	18	36
Economie publiq. (j. d').	Polit. morale.	5 f. in-8.	t. l. 10 j.	7	14	27
Ephémérides. (les)....		40 p. in-8.	t. les 5 j.	9	18	33
France, (j. de) de Chaig.	np. ſ. d. B.	4 p. in-4.	t. les j.	9	18	36
France. (j. général de)	np. v. d. ſ. ſp.	4 p. in-4.	t. les j.	10	18	36
Gardien de la Conſtitut.	np. v. d. ſ.	4 p. in-4.	t. les j.	10	20	40
Gazette Françaiſe.....	np. v. d ſ. B.	4 p. in-4.	t. les j.	10	20	36
Gazette hiſtor. & polit.	np. v. d. ſ. B.	4 p. in-4.	t. les j.	9	18	36
Gazette nat. de France..	np. d. ſ.	4 p. in-4.	t. les j.	9	16	30
Grondeur. (le).......	np. v. d. ſ. b.	4 p. in-4.	t. les j.	9	15	30
Hiſtorien. (l').......	V. NP. D. S.	16 p. in-8.	t. les j.	15	30	60
Hommes libres. (j. des)..	np. ſ. v. d. n.	4 p. in-4.	t. les j.	12	21	36
Italien impartial.......	np. ſ. d.	4 p. in-4.	t. les 2 j.	7 10 s.	14	25
Loix. (j. des) par Galetti.	np. v. d. ſ. B.	4 p. in-4.	t. les j.	9	18	36
Loix, (j. des) par Lamiral.	np. ſ. D. LOIX.	24 p. in-8.	t. les 3 j.	7 10 s.	15	30
Marine & des Col. (j. de)	MAR. np. d. ſ.	4 p. in-4.	t. les j.	9	18	36
Menteur. (le)........	L. P. V.	8 p. in-8.	2 f. p. ſ.	4 10 s.	9	18
Mercure Univerſel.....	NP. V. S. D. L.	16 p. in-8.	t. les j.	9	18	36
Meſſager de la paix. (all.)	P. L. V.	8 p. in-8.	2 f. p. se.	4	8	16
Meſſager du Soir......	np. v. d. ſ. b.	4 p. in-4.	t. les j.	9	18	36
Miroir. (le)..........	np. ſ. d. ſp. B.	4 p. in-4.	t. les j.	9	17	33
Modérateur. (le).....	np. v. d. ſ.	4 p. in-4.	t. les j.	9	15	30
Moniteur. (le).........	NP. V. D. S. L.	4 p. in-fo.	t. les j.	20	40	80
Nouvelles politiq. (les)	NP. V. d. ſ. B.	4 p. in-4.	t. les j.	9	16	30
Oppoſition. (j. de l')..	Politique.	50 p. in-8.	s. j. fixe.	»	8	15
Orateur conſtitution. (l')	np. d. v. ſ.	4 p. in-4.	t. les j.	9	18	36
Paris. (journal de)....	np. v. L. S. D. B.	4 p. in-4.	t. les j.	8 5 s.	17	33
Perlet. (journal de)...	B. np. ſ. d.	8 p. in-8.	t. les j.	9	18	36
Petite Poſte. (la)....	AF. V. ſ. B. SP.	12 p. in-8.	t. les j.	9	17	27
Poſtillon des Armées....	np. v. ſ. d. b.	4 p. in-4.	t. les j.	9	18	36
Poſtillon de Calais.....	np. v. d. ſ. B.	4 p. in-4.	t. les j.	9	18	36
Quotidienne. (la).....	np. v. d. ſ. b.	4 p. in-4.	t. les j.	9	18	36
Rapſodies du jour. (les)	P. L. V.	16 p. in-8.	t. les 5 j.	6	12	24
Rédacteur. (le).......	NP. D. ſ.	4 p. in-4.	t. les j.	9	18	32
Républicain français. (le)	NP. V. l. S. D.	4 p. in-fol.	t. les j.	18	36	72
Séances du Corps légiſlat.	S. D. NP.	16 p. in-8.	t. les j.	15	30	60
Sentinelle. (la)......	np. v. ſ. d.	4 p. in-4.	t. les j.	9	18	36
Soir & matin. (j. du)..	S. np. V. D. B.	8 p. in-4.	t. les j.	15	28	54
Spectateur français (le).	P. L.	3 fe. in-12.	t. l. 10 j.	»	12	21
Spectateur du nord. (le)	P. L. morale.	10 f. in-8.	t. les m.	»	»	30
Tableau de la France..	B. np. v. d. ſ.	4 p. in-4.	t. les j.	7 10 s.	15	30
Tableau de Paris.......	np. v. d. ſ. B.	4 p. in-4.	t. les j.	9	17	30
Télégraphe. (le).....	ſ. np. v. d.	8 p. in-8.	t. les 2 j.	»	13	24
Tribune publique. (la)	P. V. l.	2 f. in-12.	t. les 5 j.	9	16	30
Vedette (la)..........	np. v. d. ſ.	4 p. in-4.	t. les j.	9	18	36
Véridique. (le).....	np. d. ſ. b.	8 p. in-8.	t. les j.	9	18	36
Véritable Père Duchesne.	POLITIQUE.	4 p. in-4.	t. les 3 j.	3	6	12
Vieux Tribun du peuple.	P. MÉTAPHIS.	3 fe. in-8.	t. l. 10 j.	9	18	36

N. B. De telle manière qu'on s'adreſſe au CABINET BIBLIOGRAPHIQUE, il faut toujours que les demandes y parviennent *franches de port*, ainſi que l'argent & les ballots.

A PARIS, de l'Imprimerie de PELLIER, rue des Carmes, nº. 1er.

MAGASIN DU BIBLIOPHILE,

ET SOUVENIRS BIBLIOGRAPHIQUES,

A l'usage des amis des Sciences, des Arts & des Lettres, & généralement de tous ceux qui ont des Livres à se procurer.

2 LIVRAISON.

Les ouvrages qui composent ces *Souvenirs & Magasin du bibliophile*, sont au nombre de trois, qui paraissent (par souscription) le 1 & le 16 de chaque mois, & forment ensemble le plan d'une NOUVELLE BIBLIOGRAPHIE, *destinée à délivrer l'ancienne de ce qu'elle présente de trop scientifique, à la réduire au plus petit nombre de volumes possible, & à en lier tellement toutes les parties, que l'on soit toujours au courant de la* Bibliographie nouvelle, *sans perdre un seul instant de vue la* moderne & l'ancienne.

Le premier est appellé *Souvenir de quinzaine*; le second, *Souvenir général de librairie ancienne & moderne*; & le troisieme, *Magasin du bibliophile.*

Les prix de ces trois ouvrages, qui doivent contenir en tout 250 feuilles d'impression, qui formeront 8 vol. in-8°., caracteres petit-texte & petit-romain, sont ceux qui suivent; savoir :

Pour les souscripteurs de l'an 5, de 4 sols la feuille en petit papier, rendue franc de port, & de 6 sols la feuille en grand.

Et pour ceux qui souscriront après le premier vendémiaire, de 5 sols la feuille en petit papier, rendue *idem*, & de 8 sols la feuille en grand.

On ne pourra pas s'abonner pour moins de 50 feuilles, dont 25 du *Souvenir général*, & 25 du *Magasin du bibliophile.* Quant au *Souvenir de quinzaine*, il sera envoyé *gratis* aux souscripteurs de l'an 5, & coûtera 4 sols la feuille aux souscripteurs de l'an 6.

Quant à ceux qui voudront faire insérer, à la suite du premier de ces ouvrages, des *catalogues* de Livres au rabais, des *prospectus*, des *avis*, & même des découvertes intéressantes, ou des ventes d'objets rares & précieux, &c., voici cequ'il en coûtera pour chaque *ligne* d'insertion.

1°. Pour être envoyé *sous bandes imprimées* à tous les Abonnés à la NOUVELLE BIBLIOGRAPHIE, aux Libraires de tous les pays, & à tous ceux qui se feront inscrire pour les recevoir;

	s.	d.
Au-dessous de 500 exemplaires,	2	»
De 500 à 1000	2	6
De 1000 à 2000	3	3
De 2000 à 3000	4	

Ainsi de chaque 1000, qui augmenteront le prix de chaque *ligne* de 9 d.

2°. Pour l'envoi *idem* au Corps législatif, à toutes les Autorités constituées de Paris, à chaque membre de l'Institut national, du Lycée des Arts, de la Faculté de Médecine, & autres sociétés savantes; & enfin à chaque Homme de loi, Notaire, Défenseur officieux, ainsi qu'aux Cabinets littéraires & Cafés remarquables de la même ville; 5 s.

3°. Pour l'envoi à toutes les Autorités administratives & judiciaires des chefs-lieux de chaque Département, tant anciens que réunis; 4 s.

4°. Enfin, à toutes celles de chaque Canton, au nombre de 5 exemplaires; 1 s. »

Nous observons ici que pour tirer partie de cette extension donnée à notre Etablissement, il est nécessaire de se présenter promptement, attendu que l'on n'imprimera chaque classe ou réunion de classes qu'autant qu'il y aura 8 pages pleines des deux premieres classes réunies ou non réunies, 4 pages pleines des trois premieres classes réunies, & 2 pages pleines des quatre classes réunies. Quant à ceux qui ne voudront point attendre qu'elles soient remplies, ils payeront comme pour 8 pages dans le premier cas, comme pour 4 pag. dans le second, & comme pour 2 pag. dans le troisieme. Les 20 premieres lignes seront toujours payées doubles dans la premiere classe, les 15 premieres dans la 2e., les 10 premieres dans la 3e., & les 5 premieres dans la 4e.

S'adresser, par lettre affranchie, à AUBRY, *libraire & directeur du* CABINET BIBLIOGRAPHIQUE, *rue Baillet*, n°. 2, *près celle de la Monnaie*, où l'on peut en même-temps déposer toute sorte d'ouvrages, se procurer tous ceux que l'on voudra, & s'abonner sans frais à tels Journaux que ce soit; le tout en se conformant au *prospectus* qui suit.

PROSPECTUS DU CABINET BIBLIOGRAPHIQUE.

De toutes les parties de la France & de l'Étranger, on peut s'adresser à ce *Cabinet*, soit pour y faire des demandes, soit pour y déposer ses ouvrages, soit pour y faire des abonnemens de Journaux.

Si ce sont des demandes, on remettra à ceux qui les feront une instruction imprimée, qui contiendra les conditions particulieres auxquelles il faut se soumettre.

Si ce sont des dépôts, en voici d'abord les motifs. Placés comme nous le sommes au centre de Paris, il ne peut être que très-agréable au public de trouver rassemblé, dans le même endroit, ce qui fait l'objet de ses éternelles recherches. Tant d'ouvrages en effet se succedent, tant de Journaux en rendent compte, & tant de Libraires en tiennent les fonds, que la mémoire la plus vaste ne saurait tenir à une telle multiplicité d'objets. Nous ne pouvons pas, il est vrai, tout réunir : mais qui pourrait nous croire assez insensés pour en former le projet? Ne savons-nous pas que les gros magasins de Librairie sont aussi des *Cabinets bibliographiques*, & que le nôtre n'a sur eux que l'avantage d'avoir un répertoire général. Nous nous bornons donc à faciliter les recherches du public; & si nous lui proposons de nous charger du dépôt de tous les ouvrages que l'on nous présentera, c'est qu'ayant remarqué que les Auteurs, Éditeurs & Libraires n'étaient pas tous placés commodément pour la vente de leurs livres, ni à même de faire imprimer des catalogues toutes les fois qu'ils en ont besoin, nous avons cru que c'était pour eux une excellente occasion de se procurer l'un & de s'épargner l'autre.

Voici maintenant les conditions du dépôt. Elles consistent à ne faire jamais remettre au *Cabinet* pour plus de 12 ou 15 fr. de chaque ouvrage, ni pour moins de 6 à 8 francs, si ce n'est cependant les Éditeurs & Libraires des départemens & de l'étranger, qui pourront décupler ces sommes s'ils veulent, mais point au-delà.

Quant à l'abonnement des Journaux, la Liste suivante donnera à tous les Correspondans du *Cabinet bibliographique* la faculté de s'y adresser directement, & de s'éviter même, s'ils le jugent à propos (notamment ceux qui ont plusieurs trimestres à renouveller à la fois) l'embarras des écritures, ainsi que les faux frais qu'elles occasionnent; & comme on a eu soin d'y recueillir plusieurs numéros de chaque Journal, il sera facile à ceux qui ne voudront s'en rapporter qu'à eux-mêmes sur le choix à faire, de se déterminer d'après la connaissance qu'ils acquéreront de la nature des opinions qu'ils renferment, & du style dans lequel ils sont écrits.

LISTE GÉNÉRALE DES JOURNAUX auxquels on peut s'abonner, sans aucun droit de commission, en s'adressant au *Cabinet bibliogr.*

Table des abréviations de la seconde colonne de cette liste.

AFF. - Affiches & annonces. AGR. - Agriculture. B. - Cours de la bourse de Paris. COM. - Commerce. CC. - Culte Catholique. D. — Actes du Directoire exécutif & des autres Autorités Constituées. JUR. — Jurisprudence. L. -- Littérature. MAR. -- Marine et Colonies. MÉD. -- Médecine, &c. MIL. - Militaire. NP. — Nouvelles politiques P. -- politique. S. -- Séances des deux Conseils. SC. - Sciences & Arts. SP. - Annonces de Spectacles. V. - Variétés.

Observation essentielle. Les lettres ordinaires veulent dire que l'on ne traite que faiblement, dans les journaux, la matière indiquée; les petites majuscules, qu'elles y sont plus détaillées; & les grandes, qu'on y entre dans de grands développemens.

Nota. Tous les prix sont ceux des départemens; quant à ceux de Paris, on les indiquera au *Cabinet Bibliographique*.

NOMS des JOURNAUX.	LEURS MATIERES.	NOMBRE DES PAGES ou Feuilles.	JOURS qu'ils paraissent	LEURS PRIX POUR 3 MOIS.	6 MOIS.	1 AN.
		Agriculture, Commerce, Manufactures, etc.				
Affich. Annon. de Paris.	AF. L. B. SP.	12 p. in-8.	t. les j.	9 l.	17 l.	30 l.
Arts & Manufac (j. des)	SC.	10 fe. in-8.	t. les m.	9	18	36
Commerce. (jour. du)	COM. s. np B.	4 p. in-4.	t. les j.	9	18	36
Feuille du Cultivateur.	AGR. com.	4 et 8 p. 4.	t. les 5 j.	»	»	15
Indicateur du Com. (l').	COM. s. B.	4 p. in-4.	t. les 2 j.	7 10 s.	15	30
Indications (journal d')	AF. s. SP. B.	20 p. in-8.	t. les j.	9	18	34
Prix courant, &c.	COM. B.	8 p. in-8.	t. les 2 j.	6	12	24
Répertoire des Indicat.	AFF. s. SP. B.	16 p. in-8.	t. les j.	8	14	25

NOMS des JOURNAUX.	LEURS MATIERES.	NOMBRE DES PAGES ou feuilles.	JOURS qu'ils paraissent.	LEURS PRIX POUR 3 MOIS.	6 MOIS.	1 AN.
Culte Catholique.						
Annales de la relig. chrét.	CG. Morale.	24 p. in-8.	t. l. sam.	»	10 l.	18 l.
Instruction publique.						
Courier des enfans.	pet. contes.	72 p. in-18.	t. l. 15 j.	»	»	12
Ecole Polytech. (j. de l')	SC.	env. 500 p. in-4.	s. 3 fixe.	14 l. les 4 premiers num.		
Jurisprudence et Législation.						
Droits et Devoirs. (j. des)	JUR. Morale.	2 fe. in-8.	t. les 5 j.	7 l. 10 s.	15 l.	30 l.
Législation. (journal de)	JUR.	5 fe. in-8.	t. l. mo.	9	18	36
Littérature, Sciences et Arts.						
Annales de Chymie.	SC.	8 fe. in-8.	t. les m.	9	18	36
Bulletin de Littérature. .	L. ann. de liv.	8 p. in-8.	t. les 5 j.	»	8	12
Courier de la Librairie. .	Ann. de liv.	4 p. in-8.	t. l. 8 j.			6
Courier des Spectacles . .	Spectacles.	4 p. in-4.	t. les j.	7 10 s.	15	30
Décade philosophique. .	sc. agr. L. P.	4 fe. in-8.	t. l. 10 j.	7 10 s.	15	30
Dîners du vaudeville (les)	LITTÉR.	36 p. in-18.	t. les m.	»	»	8
Feuille du Bibliophile. .	Ann. de liv.	8 p. in-8.	t. l. 10 j.	»	»	6
Feuilleton des spectacles.	SP. J. v.	4 p. in-8.	t. les j.	3	6	12
Journal littér. de Clément.	L. SC.	2 fe. in-8.	t. l. jeu.	8	15	25
Magasin encyclopédique.	L. SC.	9 fe. in-8.	t. l. 15 j.	9	18	36
Mercure Français. . . .	L. NP. v. f.	4 fe. in-8.	t. l. 10 j.	9	15	30
Militaire. (journal) . . .	MIL.	8 p. in-8.	t. l. 5 j.	7 10 s.	15	30
Muses (Journal des). . .	L. var.	in-18.	t. l. mo.	»	»	15
Nouvelliste Littéraire. .	L. ann. de liv.	8 p. in-8.	t. l. 15 j.	»	»	4
Polymathiste. (le). . . .	L. SC.	40 p. in-8.	t. l. mo.	2 5 s.	4	7
Recueil périod. de méd.	MÉD.	4 à 5 f. in-8.	t. l. mo.	»	»	15
Savans. (reprise du j. des)	ANECDOTES.	24 p. in-12.	t. l. 5 j.	7 10 s.	14	24
Soirées littéraires	L. SC.	4 f. in-4.	t. l. 15 j.	»	12	21
	L.	48 p. in-8.	t. l. 15 j.	5	9	15
Politique, Séances des Conseils, etc.						
Abeille. (l').	p. com. l.	4 p. in-8.	t. les 3 j.	»	7	
Abréviateur universel. . .	NP. d. s. l. v.	4 p. in-4.	t. les j.	9	18	36
Accusateur public.	P. L.	2 fe. in-8.	s. j. fixe.	»	12	24
Actes des Apôtres.	P. L. v.	24 p. in-8.	t. les di.	6	11	20
Ami des loix. (l'). . . .	P. f. V. d.	4 p. in-4.	t. les j.	9	16	30
Ami de la Patrie. (l'). .	np. v. d. f.	4 p. in-4.	t. les j.	7	14	21
Ami du Peuple. (l'). .	p. f. var. d.	4 p. in-4.	t. les j.	12	»	»
Annales patriotiques. . .	np. v. d. s. b.	4 p. in-4.	t. les j.	8	15	30
Annales de la Rép. Fran.	np. v. d. s.	4 p. in-4.	t. les j.	9	18	36
Auditeur national. (l').	f. d. v. np. B.	8 p. in-8.	t. les j.	9	18	32
Batave. (le).	np. v. d. f.	4 p. in-4.	t. les j.	9	18	36
Bons & mauvais. (gal. des)	P.	6 feu. in-8.	t. l. 15 j.	9	18	36
Bulletin national.	np. v. d. f. b.	4 p. in-4.	t. les j.	9	18	33
Buonaparte (journal de).	np. v. d. f.	4 p. in-4.	t. les j.	9	18	36
Campagnes (jour. des).	v. d. np. f. B.	4 p. in-4.	t. les j.	7 10 s.	15	24
Censeur des Journaux. .	np. v. d. f. B.	4 p. in-4.	t. les j.	9	18	36
Chronique de France. .	np. v. d. f.	4 p. in-4.	t. les j.	9	16	32
Clef du Cabinet.	P. L. V. D. S.	8 p. 8. g. p.	t. les j.	9	18	36
Courier du Corps législ. .	f. v. d. np. b.	4 p. in-4.	t. les j.	9	18	36
Courier des Départem. .	f. v. d. np. b.	8 p. in-8.	t. les j.	9	18	36
Courier de Paris.	np. v. d. f. b.	4 p. in-4.	t. les j.	9	18	36
Courier républicain. . .	f. np. v. d. b.	8 p. in-8.	t. les j.	9	18	36
Créole patriote	np. v. d. f.	4 p. in-4.	t. les j.	9	17	33
Débats, (journal des). .	S. D.	8 p. in-8.	t. les j.	15	30	60
Défens. de la Pat. (j. des)	NP. b. v. d. S.	8 p. in-8.	t. les j.	9	18	36
Déjeûner. (le).	l. v. d. f. b. sp.	4 p. in-4.	t. les j.	9	17	33
De tout un peu.	np. v. d. f.	4 p. in-4.	t. les j.	9	18	30

NOMS des JOURNAUX.	LEURS MATIERES.	NOMBRE DES PAGES ou Feuilles.	JOURS qu'ils paraissent	LEURS PRIX POUR		
				3 MOIS.	6 MOIS.	1 AN.
Eclair. (l')........	B. np. v. d. f.	4 p. in-4.	t. les j.	9 l.	18 l.	36 l.
Economie publiq. (j. d').	Polit. morale.	3 f. in-8.	t. l. 10 j.	7	14	27
Ephémérides. (les)....		40 p. in-8.	t. les 5 j.	9	18	33
France, (j. de) de Chaig.	np. f. d. B.	4 p. in-4.	t. les j.	9	18	36
France. (j. général de)	np. v. d. f. fp.	4 p. in-4.	t. les j.	10	18	36
Gazette Françaife.....	np. v. d f. B.	4 p. in-4.	t. les j.	10	20	36
Gazette hiftor. & polit.	np. v. d. f. B.	4 p. in-4.	t. les j.	9	18	36
Gazette nat. de France..	np. d. f.	4 p. in-4.	t. les j.	9	16	30
Grondeur. (le)......	np. v. d. f. b.	4 p. in-4.	t. les j.	9	15	30
Hiftorien. (l')........	V. NP. D. S.	16 p. in-8.	t. les j.	15	30	60
Hommes libres. (j. des)..	np. f. v. d. n.	4 p. in-4.	t. les j.	12	21	36
Loix. (j. des) par Galetti.	np. v. d. f. B.	4 p. in-4.	t. les j.	9	18	36
Loix, (j. des) par Lamiral.	np. f. D. LOIX.	24 p. in-8.	t. les 3 j.	7 10 s.	15	30
Marine & des Col. (j. de)	MAR. np. d. f.	4 p. in-4.	t. les j.	9	18	36
Menteur. (le)........	L. P. V.	8 p. in-8.	2 f. p. f.	4 10 s.	9	18
Mercure Univerfel......	NP. V. S. D. L.	16 p. in-8.	t. les j.	9	18	36
Meffager de la paix. (all.)	P. L. V.	8 p. in-8.	2 f. p. se.	4	8	16
Meffager du Soir......	np. v. d. f. b.	4 p. in-4.	t. les j.	9	18	36
Miroir. (le).........	np. f. d. fp. B.	4 p. in-4.	t. les j.	9	17	33
Modérateur. (le).....	np. v. d. f.	4 p. in-4.	t. les j.	9	15	30
Moniteur, (le)........	NP. V. D. S. B.	4 p. in-fo.	t. les j.	20	40	80
Nouvelles politiq. (les)	NP. v. d. f. B.	4 p. in-4.	t. les j.	9	16	30
Oppofition. (j. de l')..	Politique.	50 p. in-8.	s. j. fixe.	»	8	15
Paris. (journal de)....	np. v. L. S. D. B.	4 p. in-4.	t. les j.	8 5 s.	17	33
Perlet. (journal de)...	B. np. f. d.	8 p. in-8.	t. les j.	9	18	36
Petite Pofte. (la).....	AF. V. L. E. SP.	12 p. in-8.	t. les j.	9	17	27
Poftillon des Armées....	np. v. f. d. b.	4 p. in-4.	t. les j.	9	18	36
Poftillon de Calais.....	np. v. d. f. B.	4 p. in-4.	t. les j.	9	18	36
Quotidienne. (la).....	np. v. d. f. b.	4 p. in-4.	t. les j.	9	18	36
Rapfodies du jour. (les)	P. L. V.	16 p. in-8.	t. les 5 j.	6	12	24
Rédacteur. (le).......	NP. D. f.	4 p. in-4.	t. les j.	9	18	32
Républicain français. (le)	NP. v. l. S. D.	4 p. in-fol.	t. les j.	18	36	72
Séances du Corps légiflat.	S. D. NP.	16 p. in-8.	t. les j.	15	30	60
Sentinelle. (la)......	np. v. f. d.	4 p. in-4.	t. les j.	9	18	36
Soir & matin. (j. du)..	S. np. V. D. B.	8 p. in-4.	t. les j.	15	28	54
Spectateur français (le).	P. L.	3 fe. in-12.	t. l. 10 j.	»	12	21
Spectateur du nord. (le)	P. L. morale.	10 f. in-8.	t. les m.	»	»	30
Tableau de la France..	B. np. v. d. f.	4 p. in-4.	t. les j.	7 10 s.	15	30
Tableau de Paris.......	np. v. d. f. B.	4 p. in-4.	t. les j.	9	17	30
Télégraphe. (le).....	f. np. v. d.	8 p. in-8.	t. les 2 j.	»	13	24
Tribune publique. (la)	P. V. L.	2 f. in-12.	t. les 5 j.	9	16	30
Vedette (la).........	np. v. d. f.	4 p. in-4.	t. les j.	9	18	36
Véridique. (le)......	np. d. f. b.	8 p. in-8.	t. les j.	9	18	36
Véritable Père Duchesne.	POLITIQUE.	4 p. in-4.	t. les 3 j.	3	6	12
Vieux Tribun du peuple.	P. MÉTAPHIS.	3 fe. in-8.	t. l. 10 j.	9	18	36

N. B. De telle manière qu'on s'adreffe au CABINET BIBLIOGRAPHIQUE, il faut toujours que les demandes y parviennent *franches de port*, ainfi que l'argent & les ballots.

A PARIS, de l'Imprimerie de PELLIER, rue des Earmes, n°. 1er.

MAGASIN DU BIBLIOPHILE,

ou

RÉPERTOIRE UNIVERSEL DES LIVRES LES PLUS RECOMMANDABLES DE LA LIBRAIRIE ANCIENNE, MODERNE ET NOUVELLE,

Annoncés dans les SOUVENIRS BIBLIOGRAPHIQUES, *et recueillis de toute espece de journaux, catalogues, répertoires, bibliographies, renseignemens particuliers, &c., communiqués au* Cabinet bibliographique, *par les auteurs, éditeurs et libraires de tous pays.*

OUVRAGE HONORÉ DE LA SOUSCRIPTION DU GOUVERNEMENT, et destiné à présenter en une seule et même collection tous les détails dont ces Livres sont susceptibles, ainsi que les jugemens qu'en ont rendus les journaux littéraires de France et de l'étranger.

TOME PREMIER.

A PARIS,

Chez AUBRY, Libraire, et Directeur du *Cabinet bibliographique*, rue Baillet, n°. 2, près celle de la Monnaie,

Et chez tous les Libraires des Départemens et de l'Étranger.

An V de la République Française (1797).

AVERTISSEMENT.

Si l'on trouve que nous avons eu tort de publier, jusqu'à ce jour, plusieurs Prospectus à l'occasion de notre nouvelle Bibliographie, et de les avoir rédigés sur des plans différens; voici notre réponse.

Il n'y a que les sots qui tiennent à leurs premieres idées. Tant que nous n'avons considéré notre plan qu'en masse, il nous paraissait comme ces points lointains placés à l'extrémité de l'horizon, et dont les détails échappent à l'œil le plus attentif; mais depuis que nous nous en sommes rapprochés par une méditation continuelle, et sur-tout par un commencement d'exécution, nous avons vu bien différemment. Tout s'est dessiné et développé de la maniere la plus distincte; nous avons reconnu en place de cette masse informe, une habitation, sinon superbe, au moins vaste et bien distribuée.

Il ne nous en fallut pas davantage pour détruire ce que nous avions fait. Eh! aussi-bien, pourquoi rougirions-nous de revenir sur nos pas, quand il s'agit de mieux? Croit-on que nous hésiterions de faire de nouveaux changemens, si nous étions assurés d'un *mieux* encore plus prononcé? Non, sans doute. Mais à cet égard, nous croyons être arrivés à-peu-près au but; nous avons tâché de tout concilier, les goûts, les besoins, les intérêts; que pouvait-on exiger de nous davantage? La tâche était à la vérité pénible; mais qu'est la peine quand il s'agit d'être utile, et quand on a eu le bonheur de recueillir les avis, et les suffrages des hommes les plus éclairés. Nous ne sommes donc embarrassés que sur les expressions de notre reconnaissance. Quant à nos derniers efforts, nous en faisons de nouveau l'hommage à ces hommes éclairés. Puissent-ils les accueillir favorablement; et la *science bibliographique*, concentrée jusqu'à ce jour chez un petit nombre d'hommes, deviendra la *science* de tous, et semblera sortir d'une enveloppe qui la retenait captive et la laissait ignorée de ceux qui avaient le plus besoin de son secours.

AVANT-PROPOS.

Nous proposons un établissement qui intéresse, et les nations, et les individus.

ETRE UTILE A TOUS a été le motif qui nous a déterminé; servir les sciences et les arts, est le but auquel nous tendons.

On nous croit peut-être systématique; on se trompe: nous aimons l'ordre, nous l'avons toujours pratiqué, nous voulons le rétablir.

Qu'on ne nous croie ni partial, ni intéressé; c'est précisément parce que l'éclat et la célébrité sont le partage juste et mérité de nos grands écrivains, que nous devons sauver de l'oubli des milliers d'ouvrages éclipsés par les rayons de leur gloire.

On avait bien élevé un temple à la malfaisance, pourquoi n'en éleverait-on pas un à l'utilité publique?

Souffrirons-nous, après notre régénération, que les anglais nous surpassent en spéculations utiles, et que leur amour pour les sciences aille plus loin que le nôtre (1)?

Il ne faut pas regarder si nous ne sommes que des *compilateurs*; c'est peut-être à ce genre d'ouvrage que l'on est redevable des progrès étonnans que nous avons fait dans tous les genres de sciences; et tel ouvrage que nous admirons aujourd'hui, ne s'est peut-être soutenu qu'à l'aide des compilations qui en ont transmis et rappellé l'existence.

Des *Souvenirs!* des *Souvenirs!* c'est ce qu'il faut à une nation qui passe pour légere, mais qui n'est que préoccupée.

Sans *Souvenirs* on cherche sans cesse. Le tems employé à cette fastidieuse occupation ne se répare jamais, et l'heure du travail est perdue.

(1) On dit qu'en Angleterre une entreprise utile ne manque jamais d'y être accueillie.

Vous à qui le tems est précieux, vous avez besoin de *Souvenirs.*

Vous qui fatiguez vos amis de recherches pénibles, vous avez besoin de *Souvenirs.*

Vous que le goût des sciences et des arts entraîne vers la plus douce de toutes les jouissances, vous avez besoin de *Souvenirs.*

Vous avez enfin besoin de *Souvenirs*, vous tous qui, appellés à l'utile profession de libraires, ne pouvez évidemment vous rappeller l'immense collection des objets qu'elle embrasse.

Nous savons qu'il existe des visigots et des vandales, qui ne veulent que les anciennes routines, et toujours les anciennes routines...... Abandonnons-les à leur triste destin, ils l'auront bien mérité.

C'est peut-être de l'exécution de notre plan dont on doutera : nous ne pouvons pas l'empêcher; nous rappellerons seulement à cette occasion le trait suivant :

Quand l'ancien curé de Saint-Sulpice (*Languet*) conçut le projet de sa superbe basilique, il fit acheter quelques misérables tombereaux de pierre et les fit étaler avec affectation dans les rues. Qu'arriva-t-il? Que chacun s'empressa de concourir à cette œuvre pie, et que le régent alla jusqu'à établir une loterie en faveur de cet édifice. Eh bien, nous, sans compter comme Languet sur des secours ni sur des loteries, nous étalons comme lui nos matériaux; les amis des sciences sauront sans doute ce que cela veut dire.

PLAN

D'UNE NOUVELLE BIBLIOGRAPHIE,

Destinée à délivrer l'ancienne de ce qu'elle présente de trop scientifique, à la réduire au plus petit nombre de volumes possible, et à en lier tellement les différentes parties, que l'on soit toujours au courant de la Bibliographie nouvelle, *sans perdre un seul instant de vue la* moderne, *et l'*ancienne.

NOTRE but eſt de rapprocher autant que nous le pourrons les hommes des livres, & de ne pas ſouffrir davantage qu'ils leur échappent par des cauſes auxquelles il eſt facile de remédier.

A quoi devons-nous cet éloignement, ſi préjudiciable à nos jouiſſances? A la rédaction trop ſcientifique de nos bibliographies, à leur nombre beaucoup trop conſidérable pour les fortunes bornées, à la multitude de leurs volumes, à la cherté de leurs prix, à la diverſité de leurs ſyſtêmes, à l'impoſſibilité d'en appliquer un ſeul à la nouvelle bibliographie, enfin à ces aſſommans catalogues dont nous ſommes inondés de toutes parts, & qui nous nuiſent plus qu'ils ne nous ſervent.

Que de gens, en effet, ſont rebutés de feuilleter ſans ceſſe des répertoires, des catalogues, des notices, & qui ne ſont pas plus avancés après pluſieurs journées de recherches, que s'ils ſe fuſſent tenus tranquilles.

Dira-t-on que c'eſt la faute des auteurs ſi leurs ouvrages ne ſe préſentent pas toujours à la mémoire? Autant vaudrait dire que tous les hommes doivent avoir ſix pieds de haut.

Il y a au moins une injuſtice très-grande à exiger que tous les livres ſoient des chef-d'œuvres; & elle eſt encore plus marquée quand on veut qu'ils n'aient d'exiſtence qu'autant que leurs titres ſe feront gravés dans nos têtes.

Pourquoi faire ainſi dépendre le ſort d'une infinité de productions de la conformation interne de notre cerveau? Un auteur n'a-t-il pas aſſez de chances défavorables contre lui, ſans lui en faire encore rencontrer dans la briéveté de notre mémoire.

Eh puis, à quoi bon cette diſſertation?

Croit-on que nous ferons l'injure à nos lecteurs de leur expliquer toutes les parties de notre plan, fondé, comme on voit, ſur l'ordre alphabétique? Ce ſerait vouloir leur apprendre l'A. B. C.

Leur dirons-nous gravement que nous nous ſommes ſervis de cet ordre pour réunir tous les livres ſur la même matiere, & preſque ſur le même mot? Ne le voient-ils pas?

Entreprendrons-nous enfin de démontrer que l'ancien ſyſtême bibliographique eſt vicieux, eu égard à la célérité du commerce qui ne permet aucun retard dans ſes opérations? N'ont-ils pas les milliers de gens qui n'entendent rien à la bibliographie qui le leur affirmeront?

Soyons de meilleure foi; diſons que nous avons voulu être utile à toutes les claſſes de citoyens indiſtinctement, & on nous ſaura gré d'avoir cherché à les affranchir d'une ſcience qui, toute eſtimable qu'elle eſt, ne peut leur convenir, puiſqu'elle exige d'eux des talens au-deſſus des forces du plus grand nombre.

Sans doute, les ouvrages de *Debure* & de tous les excellens bibliographes qui l'ont précédé, ſont & ſeront toujours mis au premier rang; mais voit-on qu'ils aient été beaucoup conſultés pour les opérations du commerce? Voit-on même qu'un ouvrage ſavant ait jamais perdu de ſa valeur & de ſa conſidération pour avoir ſervi de matériaux à un dictionnaire poſtérieur? & ſi celui de *Valmont de Bomare* (qui paſſe ſans contredit pour un chef-d'œuvre) n'a pas porté le moindre préjudice aux excellens traités d'hiſtoire naturelle précédemment publiés, & qu'il a mis à contribution, pourquoi craindrait-on de notre part un ſemblable inconvénient?

Ne consultons d'ailleurs ici que l'intérêt de chacun, & nous verrons que nos *Souvenirs* sont seuls capables de donner au commerce des livres le mouvement qui lui appartient, sur-tout au moyen de ce qu'ils serviront de tables à un recueil qui ne s'effectuera qu'après, & qui par cela seul l'emportera sur tous les recueils de ce genre, dont on ne pouvait se servir qu'après en avoir très-long-temps attendu la table.

D'abord tous les auteurs y gagneront; car il suffira d'y être inscrit pour n'avoir jamais besoin d'aucune autre publicité. Il sera bon cependant, aussi-tôt que leurs ouvrages verront le jour, de les faire annoncer dans les papiers publics les plus accrédités, pour nous mettre à même de recueillir dans notre *Magasin du Bibliophile* les jugemens qu'ils en auront portés; mais une fois cette premiere anuonce faite, ils peuvent être assurés qu'ils seront à l'abri de toute espece d'oubli.

Tous les amateurs y gagneront également; car ils seront délivrés de l'éternel embarras des recherches, & des courses que la multitude infinie des livres & le nombre considérable de libraires leur aura occasionné; & sans abandonner leurs affaires, ils feront faire leurs achats par le premier commissionnaire qu'ils emploieront.

Enfin, les Libraires & Editeurs jouiront de l'avantage infiniment précieux de n'avoir plus aucun besoin de catalogues, & de pouvoir se livrer aux plus grandes spéculations, sans courir le risque d'en être pour leurs frais, comme cela ne manque pas d'arriver toutes les fois que les circonstances ne répondent pas à leur attente.

En effet, n'est-il pas démontré jusqu'à l'évidence qu'un catalogue de deux à trois cents articles, répandu à 10 mille (ce qui n'est qu'un catalogue ordinaire répandu à petit nombre), revient à près de 500 liv.; qu'il tombe le plus souvent à des gens qui n'en ont pas besoin, tandis qu'il serait nécessaire à ceux qui ne le reçoivent pas; que pour s'en procurer une collection complette, il faudrait en recueillir plusieurs centaines à la fois, & enfin, que la variété éternelle de leurs formats & de leurs caracteres nuit infiniment au commerce, par le temps immense qu'il faut perdre à les parcourir; or s'ils éprouvent d'aussi grands inconvéniens pour des opérations qu'ils font sans cesse, n'est-ce pas bien aimer les vieilles routines, que de préférer des moyens compliqués & dispendieux à des moyens uniformes & économiques!

Au surplus, comme il faut toujours laisser les volontés libres, nous n'insistons point sur ces objets ; nous disons seulement aux *Auteurs*, *Editeurs & Libraires*, qu'une fois l'ouvrage entamé, il ne sera plus temps pour eux d'y trouver place, puisque nous suivons invariablement l'ordre alphabétique, & qu'alors, ils auront manqué la plus belle occasion de faire inscrire leurs ouvrages dans un répertoire, qui, par l'uniformité de son plan, la commodité de son format, le petit nombre de ses volumes, & la modicité de son prix, doit nécessairement se trouver dans toutes les mains.

Développemens de la nouvelle Bibliographie.

La nouvelle Bibliographie est composée de trois parties d'ouvrages absolument distinctes & séparées, mais liées ensemble par leurs rapports, savoir;

1°. De *Souvenirs de quinzaine*, contenant l'annonce de toutes les nouveautés publiées & mises au jour pendant la quinzaine qui a précédé l'impression;

2°. D'un *Souvenir general de Librairie ancienne & moderne*, (auquel nous avions donné précédemment le titre de *Manuel bibliographique*, mais que nous lui retirons, attendu que le premier lui convient mieux), destiné à réunir dans un même corps d'ouvrage l'élite de la librairie ancienne & la totalité de la librairie moderne, & à servir par-là de tablettes à ceux qui fréquentent les bibliotheques, les magasins de librairies, les ventes publiques, & leur rappeller sans cesse le titre des ouvrages, la date de leurs bonnes éditions, leur nombre de volumes, leur format, leur papier & leur prix.

3°. Du *Magasin du Bibliophile*, présentant le développement des ouvrages les plus marquans dans les deux Souvenirs qui précedent, ainsi que les divers jugemens qu'en ont rendus les journaux imprimés en France & dans l'Etranger.

§. Ier *Des Souvenirs de quinzaine.*

Il n'eſt sûrement pas néceſſaire d'expliquer ce que ſont ces Souvenirs ; leur nom en dit aſſez. Il eſt aiſé de voir que c'eſt ce petit recueil qui mettra tout le monde au courant de toutes les nouveautés, ſur-tout ſi les auteurs, éditeurs & libraires s'empreſſent de nous les faire connaître auſſi-tôt qu'ils verront le jour.

Ils paraîtront, comme il eſt dit ſur la couverture de chaque livraiſon, le premier & le 16 de chaque mois.

Ils ne ſeront pas bien volumineux, puiſqu'ils ne contiendront que deux pages in-8°, ou tout au plus quatre ; mais comme ils doivent être refondus dans des *Souvenirs d'année*, qui paraîtront le premier Brumaire de chacune, & que par ce moyen ils ne doivent être conſidérés que comme un ouvrage abſolument éphemere, alors nous nous prêterons autant que l'on voudra à leur donner des ſupplémens qui contiendront toutes ſortes d'annonces de *livres au rabais*, de *proſpectus*, d'*avis*, de *circulaires*, d'*eſtampes*, de *cartes géographiques* & de *muſique*, &c., le tout en ſe conformant aux conditions placées ſur la couverture.

Quant à la forme de ceux que nous publions aujourd'hui, il eſt bon que l'on ſache que nous nous étions propoſé de ne commencer ces *Souvenirs* qu'au premier Vendémiaire prochain ; mais qu'après y avoir réfléchi, nous avons cru devoir commencer dès-à-préſent ; & comme le *Souvenir* que nous avons déjà publié contient les annonces des ſix ptemiers mois de l'année (ce qui équivaut à *douze Souvenirs de quinzaine*), nous le faiſons réimprimer ſous le titre de premier à douzieme *Souvenir*, & nous donnons à celui qui paraîtra le premier Floréal (qui contiendra les ouvrages annoncés pendant la premiere quinzaine de Germinal) le N°. 13, pour de-là continuer juſqu'au N°. 24, qui paraîtra le 16 Vendémiaire an 6, & contiendra les ouvrages annoncés pendant la derniere quinzaine de Fructidor & les jours complémentaires.

§. II. *Du Souvenir général de Librairie ancienne & moderne, précédemment annoncé sous le titre de* Manuel bibliographique.

Que de reproches on nous aurait faits si, donnant à notre plan le titre de *nouvelle bibliographie*, on nous eût vu borner nos efforts à recueillir des notes sur les livres de fonds qui circulent dans le commerce, & négliger en même temps cette partie si belle & si intéressante, la *librairie ancienne*, qui fait à juste titre les délices des savans & gens de lettres ! Que nous nous serions sur-tout interdit de jouissances, si, tenant à l'ancienne routine, nous eussions dédaigné un moyen qui, comme nous venons de le dire, présente l'avantage (jusqu'à ce jour inconnu) de faire une collection générale, précédée de sa table, au lieu d'en être suivie, & si nous eussions voulu adopter l'ordre des facultés, qui ne se concilie jamais avec les ouvrages nouveaux ! Quand on pense à cette multitude infinie d'ouvrages sur lesquels les *Maittaire*, les *Debure*, les *Rive*, les *Duclos*, &c., nous ont laissé des détails précieux, & que tout cela se trouve absolument perdu, d'abord pour celui qui, faute de moyens, ne peut s'en procurer la collection, ensuite pour ceux à qui le défaut d'étude ne permet pas de s'en servir (quoique par état ils s'occupent de librairie) ; ne doit-on pas savoir quelque gré à celui qui, n'écoutant que son zele, a osé entreprendre de mettre son travail au niveau de tous, & de concilier à la fois tous les besoins, tous les intérêts & tous les goûts, en faisant d'une partie qui se modifie sans cesse un ouvrage stable, permanent, & fait pour devenir, par sa nature, le dépôt des sciences, des arts & des lettres. Aussi disons-nous avec quelque confiance, que le *Souvenir général*, rédigé sur le même plan que les *Souvenirs de quinzaine*, est une entreprise *utile & facile à concevoir.*

Utile, en ce que, quand une recherche de trois heures peut ne durer qu'une minute, il doit en résulter le plus grand avantage pour le commerce.

Facile à concevoir, en ce qu'il est bien plus aisé de trouver un traité sur les prairies artificielles, au mot PRAIRIES ARTIFICIELLES, que de l'aller chercher par la troisieme classe de la bibliographie, appellée *Sciences & Arts*, & de paſſer enſuite en revue toutes les ſections de cette claſſe pour ſavoir à laquelle appartient ce traité.

L'opération n'eſt pas à la vérité auſſi ſavante, auſſi élégante que quand on a employé l'analyſe & tous les modes de claſſification appartenans aux hautes ſciences. Mais que fait ici la ſcience & l'élégance, quand il s'agit d'être utile à tous ? N'eſt-ce pas toujours à ce ſeul but que nous devons tendre? Sans doute, il nous faut des *Euler*, des *Dalembert*, des *Fourcroy*, des *Delaplace*, des *Delalande*, dans toutes les parties de ſciences. Il nous faut également des *Debure* dans la librairie, pour relever la dignité d'un commerce que des ignorans voudraient peut-être réduire à la condition du trafic ordinaire. Mais par la raiſon que *Barême* n'a point dégradé la ſcience du calcul par la publication de ſes *Comptes faits*, de même nous n'aurons point dégradé la ſcience bibliographique, pour l'avoir réduite en dictionnaire & miſe à la portée de tout le monde.

Ainſi donc notre *Souvenir général* ſera par ſa nature l'ouvrage le plus commode, le plus utile & le plus facile à concevoir qu'on ait encore imaginé juſqu'à ce jour.

Quoiqu'il ſoit deſtiné à paraître par livraiſons de deux feuilles, il ne ſera néanmoins pas défiguré comme tous nos journaux bibliographiques actuels (1), par l'éternelle répétition de leur titre, par l'ennuyeux détail des conditions de leur abonnement, par la fréquence déſagréable de leurs avis, enfin par un mélange bizarre & confus de *librairie*, de *gravures*, de *muſique*, de *cartes géographiques*, d'*annonces de remedes*, de *pieces de vers*, de *diſcuſſions politiques*, d'*épigrammes*, de *charades*, &c., qui ont toujours fait de ce genre de recueils un ramas indigeſte, un véritable hachis (2). Chaque

---

(1) Nous mettons à la tête notre *Feuille de Correſpondance du Libraire*, qui a paru en trois volumes in-8.

(2) Voyez le proſpectus de l'Encyclopédie par ordre de matieres, dans lequel on oſe faire ce reproche à l'Encyclopédie de Diderot, nonobſtant que l'ordre alphabétique des matieres devait le mettre à l'abri d'une qualification ſi injurieuſe.

feuille, au contraire, se suivra, comme dans un ouvrage fondu d'un seul jet, & il ne faudra que la petite attention de les brocher à mesure qu'on les recevra, pour devenir possesseur d'un ouvrage utile dès les premieres feuilles, & dont l'utilité croîtra à mesure qu'elles se multiplieront.

Quant à la grosseur de ce *Souvenir*, nous ferons observer que si nous faisons entrer dans une seule feuille 800 articles, 10 feuilles nous en produiront 8 mille, 20 feuilles 16 mille, 30 feuilles 24 mille, & qu'avant d'en avoir imprimé 80 feuilles (ce qui ne serait encore que deux volumes ordinaires), il nous sera passé bien des ouvrages par les mains.

§. III. *Du Magasin du Bibliophile.*

Ce Magasin n'aurait absolument rien de remarquable, si nous ne faisions qu'y insérer, à l'instar des journaux actuels, la notice des ouvrages qui en composent le matériel, & les recueillir pêle-mêle comme on voit qu'ils le font; mais ce qui le distingue essentiellement de tous les répertoires périodiques publiés jusqu'à ce jour en librairie, c'est que, par le moyen des deux *Souvenirs* qui viennent d'être détaillés, la table de ce Magasin se trouve faite par avance aussi exactement que si, par une préscience qui n'appartient à aucun de nous, on savait quels ouvrages doivent voir le jour, de quelles matieres ils doivent traiter, quel format & nombre de volumes ils doivent avoir; quel prix ils doivent coûter, & enfin quels jugemens ils doivent subir.

En effet, la chose est assez facile à comprendre.

N'avons-nous pas dit tout-à-l'heure que nous devions publier le premier & le 16 de chaque mois un *Souvenir de quinzaine*? Voilà déjà des tables toutes faites pour les ouvrages nouveaux à insérer dans le *Magasin du Bibliophile*, si en les insérant dans ces *Souvenirs*, nous avons eu l'attention de joindre à leur article le N°. qu'ils doivent occuper dans ce Magasin.

N'avons-nous pas dit ensuite que nous avions un *Souvenir général*, destiné à faire connaître l'élite des livres anciens & la totalité des livres modernes? Voilà encore la table de ces deux ſortes de livres faite d'avance, puiſque nous pouvons avoir également l'attention de joindre à leur article le N°. du Magaſin, & que nous irons néceſſairement plus vîte à imprimer le *Souvenir général* qui contient 800 articles par feuilles, que le *Magaſin du Bibliophile*, qui n'en contient au plus que 50 à cent.

Or, qui ne doit ſentir qu'un ſemblable avantage eſt fait pour être goûté de ceux qui s'intéreſſent aux ſciences, & que tout ce que nous pourrions dire à ce ſujet deviendrait abſolument ſuperflu.

Nous avons cependant une obſervation à faire ſur le fond de cet ouvrage. C'eſt que l'impartialité la plus ſévere guidera nos extraits, & qu'autant ennemis des louanges outrées, que des critiques virulentes, & de toute eſpece de fatras, nous ne ferons connaître exactement que la phraſe qui aura caractériſé l'ouvrage, & le jugement que les journaliſtes en auront porté.

Quant aux livres anciens ſur leſquels nos excellens bibliographes nous ont donné des détails précieux, nous en ferons connaître ſuccinctement la ſubſtance: & attendu que des exemples font plus d'effet que des paroles, nous donnerons dans les numéros 1, 2, 3 & 4, qui ſuivent, l'exemple des ouvrages nouveaux cités avec les jugemens des journaliſtes; dans le N°. 50, celui d'un ouvrage moderne, pareillement accompagné de ſes jugemens; & dans le N°. 86, l'exemple d'un livre ancien, accompagné de ſes notes bibliographiques.

Nous ferons ſeulement obſerver que ſi d'ici au 1er. Vendémiaire de l'an 6 nous en plaçons quelques-uns dans le *Magaſin du Bibliophile*, nous aurons l'attention de les prendre dans la lettre *A*, ou tout au moins dans les premieres lettres, pour que l'on ſoit moins long-temps à en attendre la table.

RÉSUMÉ GÉNÉRAL.

On a du voir, dans ce qui précede, que la *nouvelle Bibliographie*, compoſée de trois ouvrages du même format, devait paraître, par livraiſons, le premier & le 16 de chaque mois.

Voici maintenant le tableau en raccourci, 1°. du nombre

de pages de chaque livraiſon; 2°. de celui des feuilles qui ſeront publiées chaque année; 3°. de celui des volumes que chaque ouvrage doit avoir; 4°. des ſommes qu'il faudra payer avant & après le premier Vendémiaire de l'an 6; 5°. enfin, des différentes époques auxquelles la premiere livraiſon de ces ouvrages devra paraître.

TABLEAU.

NOMS DES OUVRAGES.	NOMBRE de pages de chaque livraiſon.	NOMBRE de feuilles qui paraît. chaq. année	NOMBRE de volum. de chaqu ouvrage	PRIX de 24 feuilles in-8. Souſcripteurs de l'an V.	Souſcripteurs de l'an VI &c.	ÉPOQUES auxquelles doit paraître la premiere livraiſon.
Souvenirs de quinzaine...	2 p. in-8.	3 fe. in-8. ſans le ſupplém.	....	*gratis*	francs. pet. pap. 4	1 floréal an V.
Souvenir général.........	32 p. *id.*	48 f. env.	2 v. in-8.	francs. pet. pap. 5 gr. pap. 7	pet. pap. 6 gr. pap. 9	1 vendém. an VI.
Magaſin du Bibliophile...	*Idem*....	*Idem*....	6 v. in-8.	pet. pap. 4	pet. pap. 5	1 floréal an V.

Ainſi donc cette entrepriſe qui, au premier abord, paraît diſpendieuſe, n'occaſionnera, aux ſouſcripteurs de l'an 5, pendant les deux premieres années, qu'environ 18 liv. de dépenſe annuelle en petit papier, & 22 liv. en grand papier; & pendant chacune des cinq ou ſix années que durera l'impreſſion du *Magaſin du Bibliophile* (pour y faire entrer l'élite des ouvrages de la librairie ancienne & moderne) qu'environ 8 liv. en petit pap. (1); & pour que les auteurs, éditeurs & libraires connaiſſent les droits qu'ils ont à cette *nouvelle bibliographie*, nous les prévenons que toute inſertion de livres à prix véritable ſe fera gratuitement dans les *Souvenirs bibliographiques*, & qu'il n'y aura que celles du *Magaſin du Bibliophile* qui exigeront l'exemplaire d'uſage, ſauf un équivalant en livres pour ceux qui feraient d'un prix trop relevé.

Quant aux autres inſertions, voyez la couverture.

(1) On voit qu'il n'eſt plus queſtion de grand papier pour le *Magaſin du Bibliophile*; cela vient de ce que nous avons diminué la juſtification de cet ouvrage.

MAGASIN DU BIBLIOPHILE,

OU

Répertoire universel des Livres les plus recommandables de la Libraire ancienne, moderne et nouvelle, annoncés dans les Souvenirs bibliographiques.

1 FRANCS (les), poëme historique en 10 chants, par le citoyen *Lesur*, membre du lycée des arts & de la société libre des sciences & des arts de Paris. — Paris, an 5, 1 vol. in-8°. (*L'auteur, quai Voltaire*, N°. 2; *Maradan.*) — Prix en papier ordinaire, 3 l., 3 l. 15 s., & en papier vélin, 6 l., 6 l. 15 s.

Le sujet de ce poëme est la campagne de 1796 & celle du commencement de 1797, tant sur le Rhin qu'en Italie; il commence au combat de Voltry, & finit à la prise de Mantoue inclusivement. De courtes notes instruisent à la fin de chaque chant de la date précise des faits & des détails des actions particulières; en sorte qu'avec leur secours, c'est l'histoire exacte de cette campagne mémorable. Le jeune auteur du poëme y a répandu souvent de la chaleur & de la verve; ses vers sont harmonieux, énergiques, touchans & doux, suivant les différens tableaux qu'ils retracent. (*Pet. Affic.*, *4 ventôse, an 5.*)

— Cet ouvrage mérite l'attention des amateurs de la poésie. S'ils y rencontrent de fréquentes incorrections, fruit inévitable de la rapidité prodigieuse avec laquelle il a dû être fait, ils y verront l'imagination la plus féconde. L'auteur a souvent un style noble, mais il est inégal. Il a besoin de travailler difficilement, &c. (*Journal de Paris, 9 germinal, an 5.*)

— Cette charmante production, consacrée à célébrer les étonnans succès de nos armées dans le cours de la dernière campagne, n'honore pas moins le patriotisme & le cœur de son auteur, que ses talens & son esprit. Les republicains la liront avec avidité, & les hommes de goût en apprécieront les beautés sublimes.

Elle sera aussi sans doute accueillie avec avidité par tous les bons français, enthousiastes de la gloire de leur patrie; elle présentera des matériaux instructifs à ceux qui se consacreront à en écrire l'histoire. (*Journal de Chaigneau, 19 ventôse, an 5.*)

— L'auteur de ce poëme paraît vouloir écrire avec autant de rapidité que nos guerriers gagnent des victoires. On pouvait prévoir ce qui lui est arrivé, c'est qu'il succomberait dans cette lutte. (*Répub. fran., 21 ventôse, an 5.*)

— Rameau disait que, si on l'en défiait, il mettrait la gazette en musique: nous ignorons si on en a défié le citoyen *Lesur*; mais il a mis en vers les gazettes de la révolution, qu'il a décorées par-ci par-là de quelques lambeaux allégoriques. On pouvait faire en faveur de la république quelque chose de plus utile qu'un poëme héroïque. (*Journal littéraire de Clément, 17 germinal, an 5.*)

—Le sujet de ce poëme est la campagne des années 4 & 5 ; tant sur le Rhin qu'en Italie. Il commence au combat de Voltri & finit à la prise de de Mantoue inclusivement. (*Journal des Savans , 30 pluviôse , an 5.*

—Ce poëme a besoin d'être retouché. A côté de très-beaux vers , il offre des vers raboteux , des incorrections quelquefois rebutantes ; mais quelquefois le vice de l'expression est racheté pat l'élévation de la pensée , l'incohérence de la pensée par la pompe des images ; le défaut de fiction par les charmes de la vérité. On desire encore dans ce poëme plus d'exactitude quant à la topographie. (*Décade philosophique , 20 germinal , an 5.*)

2 MUSIQUE (mémoires ou essais sur la), par le citoyen *Grétry.* — Paris, 1789 & 1796, 3 vol. in-8. (*Vente, Ch. Pougens, Plassan , l'auteur, boulevard des Italiens , N°. 340.*) 9 l , 12 l.

Tel est le titre infiniment modeste des commentaires de Grétry sur la musique.

Analyser tous les caractères , toutes les passions ; appliquer cette analyse à l'art musical ; rappeler sans cesse le compositeur dramatique à la vérité , aux convenances , au chant ; fixer le juste emploi de l'orchestre ; démontrer enfin que sans le charme de la déclamation vraie , unie à la mélodie , l'harmoniste le plus profond ne sera jamais qu'un calculateur & un arithméticien de notes : tel est le but , tel est le plan de l'ouvrage , dont le premier volume avait déjà si bien réussi , &c. (*Journal de Paris , 2 germinal , an 5.*)

—Cet ouvrage , dont les deux derniers volumes sont nouveaux , n'appartient pas moins à la littérature qu'à l'art musical. Qui peut mieux indiquer l'accent des passions diverses , que celui qui toute sa vie a travaillé d'après ses principes , & qui , dans ses nombreuses productions n'a jamais abandonné la nature. (*Journal de Paris , 27 ventôse , an 5.*)

—Depuis Montaigne , plusieurs auteurs ont , à son exemple , adopté le titre modeste d'Essais , en nous donnant aussi comme lui des ouvrages d'un mérite distingué. Nous n'hésiterons pas à présenter comme tel celui du citoyen Grétry ; il nous paraît digne des plus grands éloges ; & quoique nous y mêlions quelques reflexions critiques , elles ne diminueront en rien la gloire qu'il s'acquiert aujourd'hui comme écrivain & comme artiste. (*Journal des Savans , 30 ventôse , an 5.*)

—L'auteur peint les passions & les caractères en homme qui connaît les replis du cœur humain ; l'amabilité des femmes , leur puissance active sur le génie des artistes n'ont pas échappé à l'auteur. Chaque chapitre y est traité d'abord philosophiquement , & est suivi d'une application à l'art dramatique ou aux arts. Voilà ce qu'un premier coup-d'œil nous a fait appercevoir dans cet ouvrage important pour les arts. (*Moniteur , 21 ventôse , an 5.*

—Lecture charmante , dit Rœderer dans son journal d'Economie politique. C'est la vie de Grétry sur l'art qu'il a cultivé avec tant d'art ; c'est l'histoire de son ame , de son esprit , de son talent , trois choses qui , en lui , se sont développées ensemble & enrichies l'une l'autre. Anecdotes piquantes , récits touchants , analyse fine des passions , recherches exquises sur leur expression : tels sont les objets qu'on rencontre dans cet ouvrage. (*Journal d'indications , 22 ventôse , an 5.*)

—Le premier volume avait paru déjà en 1789 ; les deux autres volumes , qui traitent des passions & des caracteres , sont absolument nouveaux , & ont été imprimés par ordre du gouvernement , sur un rapport du citoyen Lakanal , & d'après une pétition adressée au comité d'instruction publique. (*Petites Affiches , 19 ventôse , an 5.*)

— Toutes les passions , tous les caractères y sont développés avec un sentiment exquis. On croit lire Montaigne dans un langage moderne , mais d'un style aussi naïf. Il est incroyable qu'après avoir fait cinquante opéra ,

de

de tous genres, Grétry se soit ouvert une carriere aussi brillante en littérature.

On ne dira pas ici que l'auteur parle des femmes en froid moraliste; il semble que c'est à elles que Grétry doit son talent d'écrire; & c'est sans doute de la même source qu'il a tiré son grand talent de musicien, qui nous charme depuis si long-temps. (*Journal de France*, *8 germinal*, *an 5.*)

3 SOLITUDE (fruits de la) & du malheur, par Félix *Faucon*, représentant du peuple. — Paris, an 4 (1796), in-8. de 300 pages environ. (*Maret*, *Dupont*, *Cussac.*) 3 l. 12 s., 4 l. 10 s.

C'est un recueil de morceaux intéressans sur divers sujets, traduits du latin, de l'italien, de l'espagnol, accompagnés de notes historiques & philosophiques. (*Mercure de France*, *n°. 44*, *an 4.*)

— Ces fruits de la solitude peuvent être regardés à juste titre comme les fruits de la raison, de la sagesse & de l'expérience. Familier avec les langues étrangeres, le citoyen Félix Faucon s'est amusé pendant sa solitude à traduire des morceaux italiens, anglais, espagnols & latins; ce sont ces morceaux détachés qu'il donne aujourd'hui au public, & auxquels il a joint des notes relatives à leurs auteurs, ainsi qu'au sujet qu'ils traitent. (*Déc. phil.*, *8 ventose*, *an 5.*)

— Les morceaux que Félix Faucon paraît avoir particulierement recherchés dans les auteurs latins, italiens, anglais, espagnols, &c., sont ceux qui traitent de la vie champêtre, de l'amitié, de l'amour, des beaux arts, de la liberté, de l'oppression, de la douleur & de la mort. (*Journal des Savans*, *30 ventose*, *an 5.*)

— C'est la traduction libre de plusieurs morceaux pris dans différens auteurs étrangers, morceaux auxquels l'auteur a ajouté des réflexions & des notes piquantes, presque toujours colorées d'une teinte douce de philosophie: par-tout ces réflexions portent le caractère d'un véritable ami de la liberté. (*Déjeûner*, *23 germinal*, *an 5.*)

4 RUSSIE (histoire ou anecdotes sur la révolution de) en l'année 1762. An 5 (1797), in-8. (*Desenne.*) 48 s., 3 l.

(Il y a des exemplaires en papier vélin.)

Cet ouvrage fera un contraste singulier avec les éloges qu'on a donnés récemment dans les gazettes étrangeres, aux qualités de Catherine II. (*Journal des Indications*, *5 ventose*, *an 5.*)

— M. de Rhullieres, en marchant sur les traces des écrivains célebres de l'antiquité, s'est moins attaché dans sa relation à juger qu'à peindre. (*Répertoire d'indicat.*, *24 ventose*, *an 5.*)

— Ce précieux morceau d'histoire était connu, & jouissait déjà d'une réputation qui le plaçait à côté des meilleurs ouvrages en ce genre. L'auteur en avait fait des lectures particulieres. (*Républ. français*, *20 ventose*, *an 5.*)

— Le savant auteur de cet excellent ouvrage, (M. de Rhullieres) occupé de peindre, ne se permet pas de juger les faits; il ne donne aucune action principale, aucune épithete qui serve à la faire regarder comme bonne ou mauvaise. Sa plume ne prononce nulle part les noms de vertu & de crime. Il transporte son lecteur sur le lieu de la scène, lui indique du doigt & de l'œil tout ce qui s'y passe, & le laisse à ses propres réflexions. C'est à lui de juger des évènemens, &c. (*Nouvelliste littéraire*, *30 ventose*, *an 5.*)

— Celui qui rend compte de cet ouvrage lui a donné de justes éloges avant qu'il fût imprimé (1). Les lecteurs peuvent prononcer aujourd'hui. Le petit nombre de ceux qui connaissent encore les secrets de la composition & du

(1) Voyez la notice sur la Czarine, insérée dans le n°. 14 de la Clef du Cabinet, 25 nivôse, an 5.

ftyle, confirmera peut-être le jugement qu'on en a porté. (*Clef du Cabinet, 13 germinal, an 5.*)

—Pour des manufcrits long-temps préconifés, c'eft une redoutable épreuve que l'impreffion : celui de Rhulieres l'aura fubie avec gloire, & le placera parmi les meilleurs écrits de la fin du dix-huitieme fiecle. (*Journal des favans, 30 ventôfe, an 5.*)

— A la maniere dont ces anecdotes font écrites, on voit clairement que Rhullieres n'avait d'autre but, dans fon récit, que d'amufer les favorites de la cour de France aux dépens de la cour de Ruffie. C'eft fur le ftyle des mémoires de Grammont qu'il a formé fon ftyle hiftorique. Sans quelques cataftrophes, que l'auteur raconte auffi froidement que le refte, cette révolution aurait été une vraie comédie ; & de la manière dont Rhullieres la raconte, on pourrait lui donner pour titre : LES FOURBERIES DE SCAPIN. (*Journal littéraire de Clément, 24 germinal, an 5.*)

— Cet ouvrage, quant au mérite littéraire, eft un des mieux écrits de ce fiecle. (*Journal de Paris, 4 floréal, an 5.*)

5 COLONIES d'Amérique. Examen de cette queftion : «Quel fera pour les colonies françaifes d'Amérique le réfultat de la révolution françaife, de la guerre qui en eft la fuite, & de la paix qui doit la terminer ? » par *Malouet.* — Paris, *Pougin,* 1797, 40 pages in-8. (*Pougin, Tutot.*) 15 f., 20 f.

Voici en fubftance le réfultat de l'opinion de l'auteur : c'eft que l'intérêt de la France dans les colonies, ferait de ceffer à tout prix fa guerre de deftruction ; de garder fes poftes militaires ; de laiffer momentanément aux Anglais ceux qu'ils occupent, & de folliciter leur concours pour le défarmement des negres & le rétabliffement de l'ordre fur cette terre défolée.

6 CONSTITUTION de la République françaife, avec des notes inftructives & les loix y relatives, ainfi que celles qui concernent les affemblées primaires & électorales, nouvelle édition, très-foignée. — Paris, *Dufart,* an 5 (1797), in-8. de 240 pages. (*Dufart, rue des Noyers. Cab. bibl*) 30 f., 40 f.

Cette édition eft effectivement très-foignée ; elle eft fur beau papier & en très-beaux caracteres ; il en a été tiré un certain nombre en papier vélin. Les loix jointes à cette Conftitution font celles qui fuivent : — celle du 5 fructidor an 3, fur les moyens de terminer la révolution ; — celle du 21 du même mois, relative aux fonctions des corps adminiftratifs ; — celle du 25 *idem,* relative aux élections ; — celle du 10 vendémiaire an 4, fur l'organifation du miniftere ; — celle du 19 vendémiaire, fur l'organifation des autorités adminiftratives ; — celle du 30 vendémiaire, concernant les écoles de fervice public ; — celle du 2 brumaire, fur l'organifation du tribunal de caffation ; — celle du 3 brumaire, fur l'organifation de l'inftruction publique ; — celle dudit jour, fur le coftume des légiflateurs ; — & enfin celle du même jour, qui exclut de toutes les fonctions publiques jufqu'à la paix, les parens d'émigrés, avec fa modification du 14 frimaire, an 5.

Cette conftitution peut être confidérée comme le *manuel des élections.*

Nous efpérons donner au N°. 640 le détail de toutes les conftitutions de l'an 3 imprimées.

7 ENFANS (avis aux meres de famille fur l'éducat. phyfique & morale des), & fur leurs maladies, depuis le moment de leur naiffance jufqu'à l'âge de fix ans ; par le citoyen J. M. *Caillau,* ci-devant médecin des hôpitaux militaires de Bayonne

& de Bordeaux. — Bordeaux, impr. de *Moreau*, an 5, in-12 de 290 pages environ. (*Villiers*, *quai des August.*) 40 f., 50 f.

« Instruisez, éclairez les peres de famille, & sur-tout les meres, nous dit l'auteur dans sa préface. Praticiens habiles & humains, composez pour elles des livres clairs & précis sur l'éducation physique & le traitement des maladies infantiles; adressez-vous aux meres dans vos leçons, dissipez leurs préjugés, trop souvent funestes, & présentez-leur cette médecine avec cette simplicité noble et frappante, qui commande l'attention & se grave dans la mémoire. » Ce but est sans doute très-louable; mais il sera peut-être difficile au lecteur de ne pas se ressouvenir que J. J. Rousseau a traité le même sujet, & dans un style qu'il n'est pas facile d'imiter. Au surplus, s'il en est du style comme des étoffes, il y a lieu de présumer que l'ouvrage ne restera pas. Il est d'ailleurs rempli d'excellentes vues. A.

8 MOINE (le), traduit de l'anglais, avec cette épigraphe:

Songes, devins, forciers, fantômes imposteurs,
Prodiges, noirs esprits, et magiques terreurs.

— Paris, 1796, 3 vol. in-12. (*Maradan*). 5 l., 6 l.

Ce roman est d'un jeune homme plein d'imagination. (*Décade philos. 10 ventose, an 5.*)

— L'épigraphe est bien choisie; car le diable y joue le principal rôle: c'est une des différences qui se trouvent entre le roman du *Moine* & *la Religieuse*. Dans celui-ci, Diderot n'a pas employé les malices du diable; il en avait un assez bon fonds dans les passions humaines. N'importe, cela met dans la littérature un Moine & une Religieuse. La moralité de ce roman est qu'il faut être vertueux par principe, & non par vanité; sur-tout qu'il faut être indulgent. (*Journal de Paris, 10 ventose, an 5.*)

— L'épigraphe de ce roman en indique suffisamment le genre. On peut en dire, sans injustice, & beaucoup de bien, & beaucoup de mal. Les littérateurs sages, méthodiques, y trouveront un amalgame monstrueux du vraisemblable & du merveilleux, du gracieux & de l'horrible, du sublime & du puérile; mais les lecteurs qui portent une ame brûlante, admireront dans cette monstruosité même, le caractere du plus vaste génie, mille fois préférable sans doute à la froide & monotone régularité de nos modernes productions. (*Déjeûner, 20 germinal, an 5.*)

— Ce roman est un composé varié de tableaux gracieux & de scènes tendres & gaies, mêlées aux traits du plus fort tragique, & à des histoires très-morales de diables & de revenans que peu de personnes liront sans effroi. L'auteur est un jeune homme plein d'imagination. (*Nouvell. littér., 30 ventose, an 5.*)

— En rendant justice au mérite de cette production, nous ne dissimulerons pas ses défauts. L'auteur anglais est un jeune homme à peine âgé de vingt ans; son ouvrage annonce qu'il a reçu de la nature une imagination vive & forte; mais il ne connaît pas encore l'art de la contenir dans de justes bornes. Il va quelquefois un peu au-delà du but; il préfere quelquefois le plaisir d'effrayer ses lecteurs, à celui de les attacher toujours. Ces légers défauts ne l'empêcheront pas d'avoir un succès dont il est digne. Il est traduit & imprimé avec soin, & orné de plusieurs romances agréablement versifiées. (*Perlet, 7 ventose, an 5.*)

— Le Menteur a lu le Moine, & en a été si mécontent, qu'il s'est hâté de dévorer les 3 vol. pour s'en débarrasser. Il vous invite à ne jamais lire ce détestable ouvrage (*Menteur, n°. 24.*).

9 ENFANCE (les charmes de l'), ou les plaisirs de l'amour maternel, par L. F. *Jauffret*, cinquieme édition. — Paris, *Didot*

jeune, 1796. (*L'auteur, rue de Vaugirard*, n° 110.) 3 l., 4 l.

Pour tout éloge de ce charmant ouvrage, nous nous contenterons de rapporter ce qu'en a dit *Urbain Domergue*, dans son journal de langue françaiſe, malheureuſement interrompu :

« Après le fracas des orages & des diſcuſſions, il eſt doux (dit-il) de repoſer ſon eſprit ſur les images de la nature embellie, comme après la lutte terrible des nuages qui portent la foudre, on ſe plaît à fixer ſes regards ſur les couleurs variées & brillantes de l'arc céleſte. » Il était difficile de louer plus agréablement un ouvrage qui nous retrace tous les charmes de l'âge d'or. On en peut dire autant du *Courier des Enfans*, qui ſuit.

— Ce petit ouvrage, convenant aux peres & meres de famille contient des contes très-jolis, qui ſont le tableau de la naïveté. (*Cour. rép. 10 germ. an 5.*)

— Des contrefacteurs effrontés ont fait annoncer dans les journaux, une contrefaction de cet ouvrage à 30 ſ. l'exemplaire. En attendant que nous ayons découvert & atteint les auteurs de cet infâme brigandage, nous prévenons le public honnête que la véritable édition des *Charmes de l'Enfance* ne ſe trouve qu'aux adreſſes ci-deſſus; que cette véritable édition, imprimée par Didot jeune, eſt ornée de ſix figures, tandis que la contrefaçon n'en annonce que deux pitoyablement exécutées. (*Petites affiches, 5 floréal an 5.*)

— On lira, ſans doute avec plaiſir, cet ouvrage du continuateur de l'immortel Berquin, qui a ſu ſi bien peindre les jouiſſances pures & vraies que goûtent les peres & meres avec leurs enfans; c'eſt ce qui a valu à l'auteur d'être appellé par les enfans eux-mêmes *leur nouvel ami*. (*Mon. 6 flor. an 5.*)

10 ENFANS (courier des), ouvrage périodique, contenant toutes ſortes de petits contes, & dont il paraît tous les mois un cahier de 72 pages in-18, moyennant 12 l. par an.

Voyez, pour les jugemens de cet ouvrage, ce qui précede.

11 CAMPAGNE (réſultats de la dern.), par Matth. *Dumas*. — Paris, an 5 (1797), 53 pages in-8. (*Dupont*) 10 ſ., 15 ſ.

Il eſt impoſſible qu'une courte brochure renferme plus d'idées neuves, plus de réſultats, plus de vues dignes d'un homme de guerre & d'état, que celle que nous annonçons. (*Eclair*, 15 *pluviôſe*, *an* 5.)

—Le citoyen Dumas parle de la guerre en militaire éclairé, en partiſan de la paix, en ami des hommes. Il penſe que la derniere campagne n'étoit pas néceſſaire, pour avoir la paix; mais quoiqu'il déſapprouve la continuation de la guerre, il n'héſite cependant pas à dire que l'on ne pouvait pas ſuivre de meilleurs plans que ceux qui ont été mis en œuvre. (*Républic. franç.*, 19 *pluvioſe*, *an* 5.)

—Cet ouvrage eſt écrit avec force & avec éclat; l'auteur préſente ſouvent ces apperçus vaſtes & philoſophiques qui caractériſent les écrits de Polybe. (*Nouvelles Politiques*)

— Le but du citoyen Dumas, en expoſant la ſituation militaire & politique de la France, eſt de prouver que dès long-temps il convenait à la république françaiſe, & qu'il lui convient ſur-tout à préſent, de faire la paix avec ſes ennemis. (*Décade philoſophique*, 30 *pluvioſe*, *an* 5.)

— Le citoyen Dumas parle de la guerre en officier dont les talens ſont connus, & de la paix en philantrope éclairé. (*Moniteur*, 9 *ventôſe*, *an* 5.)

12 ETAPES (itinéraire des), par P. G. *Chanlaire* & J. J. *l'Eſpagnol*. — Paris, an 4, in-4., avec une grande carte de France; le tout exécuté en gravure. (*Les auteurs, rue Geoffroy-Langevin; Cab. bibl. d**) 6 l. br. en carton.

Cet ouvrage indique les lieux de paſſage des troupes de la république, avec une carte contenant la diviſion des armées, celle des départemens qui les composent, les lieux d'étapes & les routes de différentes natures; il est utile aux états-majors, chefs des différens corps, ordonnateurs, directeurs d'hôpitaux, & généralement à tous les fonctionnaires publics, civils & militaires, chargés de l'expédition des routes, & même à tout citoyen voyageant par étape.

13 ETATS-UNIS (voyage dans l'intérieur des), à Bath, Winchester, dans la vallée de Shenandoha, &c. &c. &c., pendant l'été de 1791; par Ferdinand-M. *Bayard*. — Paris, an 5, in-8. carré fin. (*Cocheris*, *cloître Benoît*, n°. 352. 4 l., 5 l.

Cet ouvrage est la peinture fidelle des mœurs privées des Anglo-américains. Aucun voyageur ne les avait encore décrites avec autant de soin & d'étendue. L'auteur, qui a tout observé lui-même & sur les lieux, n'est pas toujours d'accord avec les écrivains qui l'ont précédé. Sous ce point de vue, son ouvrage est absolument neuf, & aussi piquant par la variété des faits que par les graces du style. On y lira avec intérêt des observations qui avaient échappé aux premiers voyageurs, sur le commerce & l'agriculture des Etats-unis, & sur les opinions religieuses & la civilisation des Indiens: les éditeurs se flatent que cet ouvrage sera rangé dans la classe de ceux qui conviennent au plus grand nombre des lecteurs. (*Prospectus.*)

— Le style de l'auteur est ce qui mérite le moins d'éloge; mais si l'on y remarque quelques taches légeres, on en est amplement dédommagé par la variété & le mérite des faits. (*Bulletin national, 10 ventôse, an 5.*)

— Cet ouvrage est écrit avec sensibilité; il offre des tableaux tantôt mélancoliques, tantôt rians, mais toujours vrais. (*Déc. philos. 30 ventôse, an 5.*)

— Le style est généralement assez pur; quelquefois, néanmoins, il porte un caractere recherché qui dépare extrêmement (*Déjeûner, 1er. germ. an 5.*)

14 ETHER (l'), ou l'Etre suprême élémentaire, poëme philosophique & moral, *à priori*, en 5 chants. — Paris, 1796, in-8. de 64 pages. (*Rue des Petits-August.*, n°. 33.) 25 s., 30 s.

Nous nous contenterons de transcrire ici le début de l'exposition de l'éditeur: les lecteurs en jugeront après commme ils voudront.

« Un de mes amis, dit-il, vint me voir il y a quelque temps, & me tint en substance le propos que voici:

« S'il existait un ouvrage dont la lecture pût se faire en moins de deux heures, & qui cependant fût le fruit de quinze années de méditations, de travail & de corrections; si cet ouvrage était un poëme dydactique, qui n'eût aucun modele dans notre langue, & qui manquât à notre littérature française; si ce poëme était écrit en vers harmonieux, hardis, élégans & corrects; si ces vers étaient aisés à comprendre & faciles à retenir; si cet ouvrage, bien conçu & savamment exécuté, traitait de l'objet le plus grand, le plus sublime, le plus important que l'esprit humain puisse concevoir; s'il donnait une idée nette, sensible & précise de l'Être suprême & de sa véritable nature; s'il avait pour objet de détruire les fables ridicules, les préjugés absurdes, les suppositions grossieres & le fanatisme odieux, qui regnent sur notre globe depuis tant de siecles; si à la place de ces systêmes bizarres & incompréhensibles que les hommes se sont stupidement forgés, il substituait des vérités simples & évidentes; si ce poëme ne présentait d'ailleurs que la morale la plus pure; s'il tendait à délivrer les mortels des craintes & des terreurs ridicules qui les tourmentent pendant le cours de leur pénible vie; enfin si les principes établis par l'auteur étaient tels qu'en ne les admettant pas, ou en en admettant d'autres, il fût impossible de raisonner juste en aucune matiere, ni même de faire de bonnes loix; certainement s'il existait un ouvrage de cette espece, chacun aurait le plus grand desir, comme le plus grand intérêt, de le rechercher, de se le procurer, de le lire & de s'en bien pénétrer. Eh bien! j'ose presque dire que cet ouvrage existe entre mes mains, & c'est celui que je viens vous proposer d'imprimer. »

Après un tel éloge, que faire? attendre en effet, que les lecteurs l'aient ratifié. Aussi engageons-nous l'éditeur à faire remettre un exemplaire de cet ouvrage à nos journaux littéraires, persuadés qu'ils ne manqueront pas de donner leur avis.

15 FABLES d'Antoine *Vitalis*, avec cette épigraphe prise de la Fontaine :

« La feinte est un pays plein de terres désertes.

2e édition, revue & corrigée. Paris, impr. de *Dupont*. (*L'auteur, rue du Jardinet. Cab. bibl. d*) 3 l. 4 l.

Ces fables nous paraissent très-bien versifiées, & renferment toujours un sens très-moral. Celle qui suit, intitulée le *briquet*, la *pierre à fusil*, l'*amadou* & l'*allumette*, fera sûrement plaisir à nos lecteurs.

« Pour allumer une chandelle,
Luisant briquet se démenait en vain;
Noir amadou, quoique très-fin,
Y perdait aussi tout son zele,
Et dur *silex* tout son latin.
Lors allumette bien souffrée,
De se moquer de leurs efforts;
Eux de se renvoyer les torts
Et la honte de l'équipée.
La dispute enfin s'échauffant,
Les coups décident la querelle.
Briquet, qui n'est pas endurant,
Frappe la pierre : au même instant
Il s'en détache une étincelle,
Que l'amadou reçoit & rend
A l'allumette, qui la prend
Pour en allumer la chandelle.

Ce récit de nos passions
Est la peinture toute entiere;
C'est le choc de nos opinions
Qui fait rejaillir la lumiere. »

16 GÉOGRAPHIE anc. & moderne (abrégé méthodique de la), avec le projet d'y joindre des cartes de six pieds de hauteur pour l'instruction publique de la jeunesse, par l'abbé *Boutillier*, professeur de belles-lettres en l'université de Paris. — Paris, *Brocas & Barbou*, 1779, in-12. de 536 pages. (*Servieres, rue du Foin-Jacques*) 2 l. 10 f. sans les cartes.

« Il peut être utile dans ce moment-ci de renouveller l'idée de l'abbé Boutillier, tendante à faire exécuter de grandes cartes géographiques, de six pieds en tout sens, destinées à être placées dans les classes publiques, pour l'instruction de la jeunesse. Nous conseillons donc à ceux que cette idée peut intéresser, de se procurer cet ouvrage. Ils y liront avec plaisir les détails intéressans que l'auteur donne à ce sujet, ainsi que l'approbation de la ci-devant université, qui pense seulement que le prix de 12 liv. fixé à chaque carte, sans la toile & la monture, est fait pour arrêter ceux qui devraient en faire l'acquisition. Nous sommes entierement de cet avis.

« Quant à l'ouvrage en lui-même, il nous a paru très-bien exécuté, & sur-tout imprimé en beaux caracteres & sur beau papier ».

17 GÉOGRAPHIE enseignée par une méthode nouvelle, ou application de la synthèse à l'étude de la Géographie; ouvrage destiné aux écoles primaires, avec neuf cartes enluminées. Par le citoyen *Mentelle*, ex-professeur aux écoles normales, membre de l'institut national, &c. — Paris, an 4 de la république, 112 pages in-12, & 9 cartes. (*L'auteur, cour du Muséum, pavillon de l'infante.*) 40 s. 50 s.

Cette nouvelle méthode consiste à ne parler d'abord aux enfans que du lieu qu'ils habitent, & les faire ensuite voyager d'idée dans les autres lieux de la terre. » Il y a quelques mois, dit l'auteur, que le citoyen *Lebarbier du Bocage*, dont le nom doit être cité avantageusement en géographie, exposa dans un des numéros du Magasin encyclopédique, cette même opinion, appuyée de raisonnemens qui lui donnent une nouvelle force ». C'est donc une idée utile, puisqu'elle occupe à la fois différens cerveaux. Elle n'est effectivement pas sans mérite, sur-tout si elle est goûtée des élèves. Nous ne pouvons qu'engager tous les professeurs à en faire l'essai; car d'abord la méthode est infiniment simple, & ensuite l'ouvrage qui l'enseigne est du prix le plus modique. A.

18 GLAIRES (des), de leurs causes, de leurs effets, & découverte d'un médicament propre à combattre cette humeur, avec cette épigraphe: *Hæc volet sub luce videri, judicis argutum quæ non formidat acumen.* ART POET. D'HORACE. Par J. L. *Doussin-Dubreuil*, docteur en médecine. — Paris, *Lachapelle*, an 4, in-8. de 64 pages. (*Lachapelle, rue de la Vieille-Monnaie*, n°. 20.) 15 s., 20 s.

L'auteur fonde son livre sur les fortes présomptions qu'il a depuis long-temps que la plupart des maladies chroniques proviennent des glaires; il a en conséquence imaginé une poudre végétale qui se débite au même endroit, à raison de 20 francs les dix prises, & dont il a établi différens dépôts dans toute la république. A.

— Cette brochure renferme des idées neuves & intéressantes. (*Journ. de Chaigneau, 4 nivôse, an 5.*)

— Après avoir expliqué les causes de cette espece d'humeur, indiqué ses différens signes, & son action sur le système physique & moral, il développe sa méthode & sa curation, & la maniere d'employer ses poudres végétales. (*Merc. fr., an 3, n°. 62.*)

19 GRAMMAIRE française (élémens raisonnés de la), par J. *Roullé*. — Paris, *Lemaire*, *an* 5, 3 vol. in-8. d'environ 300 pages chacun. (*L'auteur, place du Panthéon*, n°. 5, *& Johanneau, libr., rue du Coq Honoré.*) 6 l. 10 s.

Ou y traite de la prononciation & de l'ortographe, de l'élocution, du tissu du discours, de l'art de traduire, du mécanisme des vers français, de la poësie en général, des avantages & désavantages de la versification latine & française; on y présente un abrégé de logique, ou entendement humain, ainsi qu'un discours sur la maniere de lire les fables, ou de les réciter, & une introduction aux élémens de littérature. C'est un ouvrage élémentaire propre à initier les jeunes gens aux belles-lettres & à la rhétorique.

« Rendre l'étude de la Grammaire plus facile, plus amusante, voilà, dit l'auteur, le but où tendent tous mes desirs. » Rien de plus louable, sans doute; mais n'y ferait-il pas parvenu aussi bien en conservant l'ortographe universellement adoptée, qu'en en introduisant encore une nouvelle qui ne fait qu'ajouter aux difficultés de cette science? Que ne s'est-il donc ressouvenu que celle de Voltaire n'est point encore universellement adoptée, quoique fondée sur les meilleurs raisonnemens? Du reste, les vues de l'auteur nous ont parues très-bonnes, & nous croyons qu'il y a beaucoup à gagner à la lecture de son ouvrage. A.

— Dans ce moment où l'instruction de la jeunesse est presqu'abandonnée, le citoyen *Roulié* a cru devoir publier sous le titre modeste d'*Elémens* l'ouvrage que nous annonçons : les principes de la langue, de la logique & de l'élocution y sont présentés d'une maniere simple, & des observations nouvelles y sont jointes à l'extrait des grammaires les plus estimées. Sans approfondir les opinions de l'auteur, nous lui rendons cette justice qu'il énonce ses idées avec clarté, & qu'il a su éviter la sécheresse ordinaire aux grammairiens. Son systême sur l'orthographe se rapproche de celui que *Duclos* & quelques autres grammaristes ont déjà développé & même pratiqué. Ces sortes d'innovations peuvent plaire à quelques personnes; mais il est peu d'écrivains qui les aient adoptés; Bacon les regardait comme des subtilités inutiles. (*Journal littéraire de Clément, 29 ventôse, an 5.*)

— Ce qui appartient à l'auteur, c'est le bon choix, la liaison des matieres, souvent une critique saine & des observations qui annoncent que le disciple de ces hommes célebres, aurait pu être leur rival. (*Décade philosophique, 30 germinal, an 5.*)

20 AGATOCLES & Monk, ou l'art d'abbattre & de relever les trônes. — Orléans, *Jacob aîné*, an 5, in-18 de 94 pag. (*Johanneau, lib., rue du Coq Honoré.*) 20 s., 24 s.

Cet ouvrage, aussi profondément pensé que sagement écrit, trace le plan pour commencer, finir & faire rétrograder une révolution, d'après l'expérience que fournit l'histoire; il remplit parfaitement son titre, & peut passer pour le bréviaire des hommes d'états. (*C.*)

— Quest' opuscolo è scritto con ingegno e giudizioso discernimento, e il meditarlo può sotto diversi aspetti, come abbiamo già dette, a chi s' ha republica, ou non se l' ha, essere ugualmente gradevole e vantaggioso. (*Italiano impartiale, 26 germ. an 5.*)

21 LANGUES (considérations sur la premiere formation des) & le différent génie des langues originales & composées, traduites par A. M. H *Boulard*, de l'anglais d'Adam *Smith*, professeur de philosophie morale dans l'université de Glascow, & auteur du traité de la richesse des nations. Paris, an 4, 80 p. in-12. (*Baillo & Colas, impr., vieille rue du Temple.*) 20 s., 25 s.

Adam *Smith* a parfaitement analysé, dans cette dissertation, l'origine des principales parties du discours, savoir le nom, le verbe & l'adjectif. Il nous parait avoir échoué sur les prépositions.

L'apperçu d'Adam *Smith* sur la complication que présente la syntaxe des langues les plus simples dans leurs élémens, sur la simplicité de la composition des langues dont les rudimens sont les plus compliqués, est aussi neuf que judicieux. (*Bull. de littérature, n°. 105.*)

— On trouvera dans cet écrit les idées fines, pleines & lumineuses du savant & profond Adam Smith. Le traducteur y a exprimé ses regrets sur la destruction de l'université de Paris, qui s'est tant illustrée dans la carriere de l'éducation publique; il a rappelé dans une note quelques-uns des maitres & des éleves les plus connus, qui ont fait honneur à ce corps littéraire. L'ouvrage est parfaitement bien imprimé, & fait honneur aux presses des citoyens Baillo & Colas. (*Nouvelliste littéraire, 10 frimaire, an 5.*)

— Cet ouvrage renferme des observations exprimées avec justesse & avec éclat. On y peut remarquer le style toujours un peu traînant des meilleurs écrivains anglais, & peut-être aussi certaines négligences que le traducteur, dont le travail mérite d'ailleurs des éloges, aurait pu bien facilement corriger. (*Journal des Savans, 26 ventose, an 5.*)

22 MARÉCHAL de poche (le) qui apprend comment il faut traiter un cheval en voyage, & quels sont les accidens ordinaires qui peuvent lui arriver en route, enrichi de plusieurs planches, traduit de l'anglais, par T. *Hammond*; nouv. édition considérablement augmentée, à laquelle on a joint des instructions sur la ferrure des chevaux, différens remedes pour leurs maladies, de même que pour celles des bêtes à corne & des moutons. — Paris, *Courcier*, an 5 (1796), 2 parties en un vol. in-18. (*Courcier*) 3 l., 4 l. broché.

La seconde partie de cet ouvrage porte le titre suivant : « Instructions abrégées sur les soins à donner aux chevaux, aux bêtes à corne & aux moutons, pour les conserver en santé & s'en procurer de belles races; pour prévenir les accidens auxquels ils sont exposés, & remédier à ceux qui pourraient leur survenir, & traité complet, ou abrégé sur leurs maladies.

Une édition de cet ouvrage (que nous soupçonnons la premiere), a été imprimée en 1777 : elle est à la bibliothèque nationale, sous le numéro S 836 B.

Nous croyons cette dernière édition très-utile, et même indispensable à ceux qui ont des chevaux & autres animaux domestiques.

— Le citoyen *Courcier* a rendu un très-grand service en réimprimant cet ouvrage qui depuis long-temps manquait à la librairie, & qui devient d'autant plus utile, que le petit format le rend portatif, quoiqu'augmenté des deux tiers. (*Petite Poste, 10 pluviôse, an 5.*)

23 PRINTEMPS (les matinées du), œuvres div. par *Mercier* de Compiegne, membre du lycée des arts, avec cette épigraphe : *juventutem oblectant, senectutem alunt.* — Paris, 1797, 2 vol. in-18. (*L'auteur, rue Champfleury*, n° 97.) 3 l., 4 l.

Ces Matinées du Printemps sont suite aux Soirées de l'Automne, pareillement en 2 vol. in-18. On y trouve des contes en prose & en vers, des distiques, des pots-pourris, des moralités, des impromptus, des cantiques, des portraits, des dissertations sérieuses & badines, des inscriptions, des morceaux de poésie latine, &c., &c., c'est-à-dire tout ce qui caractérise un auteur fécond & varié. Quoique dans sa préface, il nous prévienne *qu'il jetterait tous ses manuscrits au feu, si une piece, fût-elle de cent vers, lui coûtait plus d'une heure de travail*, il est bien éloigné néanmoins de ressembler au bienheureux Scudery,

dont la fertile plume
Peut tous les mois sans peine enfanter un volume.

Beaucoup plus naturel que lui, on voit dans ses productions de fréquentes saillies qui font plaisir, tandis que l'autre n'avait que le talent d'ennuyer.

24 ANAS Eloujou (les amours d') & de Ouardi, conte trad. de l'arabe par *Savary*; ouvrage posthume. — Bagdad (Paris),

1789, in-24 de 96 pages, papier fin, carré de *Didot* (*Johanneau*, *libraire*, *rue du Coq Honoré*) 20 f., 24 f.

— Ce roman est aussi intéressant par le sujet que par la richesse du style. On peut le regarder comme la peinture des mœurs orientales. On regrettera que la mort prématurée de l'auteur l'ait empêché de publier en notre langue un recueil complet de tous les romans arabes, dont il s'était procuré les originaux pendant ses voyages.

25 MIGNARD (œuvres philosoph., politiques, de morale, de médecine & de finances, de Jacques). — Paris, an 3 & 4, in-8. d'environ 200 pages. (*L'auteur*, *rue Taranne*, n°. 24.) 3 l., 4 l.

Ces Œuvres contiennent 1°. le système sur la formation de la terre & de toutes choses, dans lequel on n'admet que deux élémens; 2°. des remarques sur les maladies vénériennes; 3°. un essai sur la morale, & un nouveau plan d'éducation; 4°. la politique anglaise dévoilée; 5°. la France sauvée par ses impositions & ses finances.

26 NEGRES (de l'esclavage des), & de l'état actuel de nos colonies, avec cette épigraphe :

Je vais parler des droits qu'on accordait au crime. LUCAIN.

— Paris, an 5 (1797), *Masson*, in-8. de 60 pages. (*Masson*, *libraire*, *rue Christine*) 20 f., 25 f.

L'auteur finit son ouvrage par un raisonnement qui nous a frappé, & qui servira à faire connaître singulierement le but de cette brochure. Le voici :

« Que nos colonies aient été conquises par l'ennemi, ou que, dans quelques-unes, l'esprit républicain ait été assez heureusement secondé par la valeur, pour avoir pu résister aux efforts des partisans de l'ancien gouvernement; ou bien nous les trouverons dans un état de dévastation, ou bien nous les y replongerons, si nous y retournons avec le même systême.

» Quel parti prendre, à leur égard ? Il est difficile de l'indiquer; mais on peut assurer que, n'ayant su les administrer sous l'ancien gouvernement; qu'ayant aujourd'hui causé leur ruine, en croyant éterniser leur bonheur; le plus simple, le moins dangereux, est de renoncer à toutes prétentions sur elles, puisqu'on ne peut les soutenir que par des meurtres, & qu'on est parvenu à apprendre enfin aux esclaves des deux hémispheres qu'à eux seuls appartient le droit de domination; droit usurpé sur eux par le parti le moins nombreux, & qu'il était temps de revendiquer, &c. &c. &c.

27 PACIFICATION générale (essai sur les moyens de procurer à l'Europe une), par le citoyen D . . . — Moulins (Maine), an 5, brochure de 72 pages in-8. (*Cab. bibl. d* *) 25 f., 30 f.

« Au lieu de s'aigrir mutuellement par des inculpations d'ambition démesurée & de mauvaise foi, j'ai pensé, dit l'auteur, qu'il ne ferait pas inutile de réunir sous le même coup-d'œil les difficultés que le concours des circonstances fâcheuses met à la conclusion de la paix, &c. »

On ne peut qu'applaudir à de semblables intentions; il est vrai que le citoyen D... *tranche plutôt les difficultés qu'il ne les dénoue;* mais c'est être toujours bien louable que d'employer ses veilles à arrêter l'effusion du sang, quand il en est tant qui cherchent à le faire répandre par leurs passions & par les suggestions les plus impolitiques. Au surplus, c'est un ouvrage très-bien & très-sagement écrit, & qui suppose dans l'auteur les connaiſſances diplomatiques les plus étendues, & le plus vif deſir de voir une paix profonde réparer les malheurs terribles qu'une grande révolution peut ſeule avoir occaſionnés. A

— L'auteur traite dans ce petit ouvrage des divers intérêts de toutes les puiſſances de l'Europe; il entre dans les plus grands détails, & n'a pas oublié les plus petits princes. Ce travail ſuppoſe de très-grandes connaiſſances de la part de ſon auteur. (*Nouvelliſte littéraire, 30 ventôſe, an 5.*)

28 PASSIONS (de l'iufluence des) ſur le bonheur des individus & des nations; par madame la baronne *Staël de Holſtein*, avec cette épigraphe :

Quæſivit cœlo lucem, ingemuitque repertâ.

.... in-8. (*Fuchs, rue des Mathurins.*)

— Seconde édition, revue & corrigée. — Paris, an 5, (1797) 2 vol. in-18 d'environ 200 pages chacun. (*Dufart, rue des Noyers; Cab. bibl.*) 40 ſ., 3 l.

Jolie édition d'un ouvrage qui doit ſe faire lire avec intérêt, ſi on fait attention ſur-tout que madame Staël s'eſt trouvée en bute à tous les traits de la calomnie, & qu'elle a préféré de ſe faire juger par ſes écrits plutôt que de parler d'elle. On lit dans ſon avant-propos que cet ouvrage n'eſt que la première partie de ce qu'elle ſe propoſe de mettre au jour, & que cependant chaque partie pourra être conſidérée comme un ouvrage ſéparé. A.

— C'eſt avec plaiſir que nous annonçons l'ouvrage de Madame de Stael; les principes en ſont généralement bons; les idées politiques ne ſont pas exemptes d'erreurs. Au milieu de réflexions pures & frappantes, on s'apperçoit que l'auteur eſt plus verſé dans la théorie de la liberté, que dans la connaiſſance pratique de notre révolution, &c. (*Monit., 5 br., an 5.*)

— Notre opinion eſt que cet ouvrage doit avoir beaucoup de ſuccès, & nous nous fondons ſur ce qu'il a été ſuſceptible d'une critique longue & ſavante, qui n'eſt jamais néceſſaire à l'égard des productions médiocres. On abandonne celles-ci à leur deſtinée naturelle. Un grammairien rigide pourrait faire quelques reproches au ſtyle; nous l'avons trouvé celui d'une femme de beaucoup d'eſprit, qui peint ſouvent de même, & qui ſe permet de fréquentes ellipſes. (*Journal des Savans, 16 pluvioſe, an 5.*)

— A travers le jargon énigmatique, qui domine dans ce livre ſemé de bizarreries, d'idées incohérentes & de contradictions, on rencontre par fois des idées grandes, des idées neuves. (*Petite Poſte, 9 germinal, an 5.*)

29 PETITE NANETTE (la), opéra-comique en deux actes, repréſentée pour la premiere fois à Paris, au théatre de la rue Feydeau, le 19 frimaire, an 5, paroles & muſique du *Couſin-Jacques*. — Paris, an 5 (1797), in-8. de 76 pages. (*Moutardier, quai des Auguſtins.*) 30 ſ., 36 ſ.

30 POLICE adminiſtrative (dictionn. de la) & de la juſtice correctionnelle, où les diſpoſitions des loix anciennes & modernes en vigueur, ſont rapprochées & refondues ſous chaque article, dans l'ordre & avec les développemens convenables; ouvrage ſpécialement néceſſaire aux juges de paix, directeurs de juri, officiers municipaux, & commiſſaires de police. Par A. C. *Guichard*. — Paris, *l'auteur*, an 4, (1796), 2 parties en 1 vol. in-8. (*L'auteur, au bureau du journal de légiſlation, rue Haute-feuille*, N° 14.) 3 l., 4 l.

Cet ouvrage fait les numéros 1 & 2 du journal de législation dont il paraît un cahier au 20 & 30 de chaque mois. Il en coûte 30 f. par chaque cahier, lequel annonce toujours le n°. subséquent.

31 PROPRIÉTAIRES (manuel des), fermiers, locataires, rentiers, créanciers & débiteurs, ou recueil méthod. & raisonné des diverses loix rendues sur les remboursemens & payemens des rentes, obligations, impositions, loyers, fermages, pensions & traitemens, les soumissions, ventes & payemens des domaines nationaux, avec des explications & notes de rapprochement, pour en faciliter l'intelligence & l'application. — Paris, an 4 (1796), in-8. de 136 pages. (*L'auteur, au bureau de législation, rue Hautefeuille*, N° 14.) 30 f., 40 f.

Cet ouvrage fait le N°. 3 du journal de législation. Il en a été fait une 2e. édition de 150 pages in-8. Prix, 36 f., 45 f.; laquelle est augmentée d'un supplément qui se paye à part, 15, 20 f.

32 RÉVOLUTION française (histoire secrette de la), depuis la convocation des notables, jusqu'à ce jour, 1er novemb. 1796 (vieux style), contenant une foule de particularités peu connues, & des extraits de tout ce qui a paru de plus curieux sur notre révolution, tant en France qu'en Allemagne, par Fr. *Pagès*. — Paris, *Jansen*, an 5 (1797), 2 vol. in 8. d'environ 500 pages chacun. (*Jansen, rue des Peres*) 8 l., 11 l.

Cette histoire est sans contredit la mieux écrite & la plus forte de choses qui ait encore paru sur notre révolution. Rien de ce qui est intéressant n'y est omis. Tout y est présenté avec une impartialité frappante; le plan de l'auteur est grand, & son style clair, quoique très-précis, élégant quoique sévere, énergique sans être passionné, répond à la richesse du sujet. Les principes politiques sont sages & profonds. La partie qui concerne les arts & les sciences annonce un littérateur très-versé dans cette partie. On y trouve des portraits que Tacite n'eût pas désavoués (entr'autres celui de Mirabeau), des apperçus vraiment neufs, des rapprochemens piquans, des particularités peu connues & très-curieuses. L'intérêt s'accroît à mesure qu'on avance dans cette lecture, & se soutient jusqu'à la fin, soit par l'effet même des événemens, soit par l'art avec lequel l'auteur a su les présenter.

— Grands éloges de cet ouvrage dans le *Républicain français* (18 nivôse, an 5.)

— Des idées philosophiques, des dissertations savantes, des réflexions judicieuses, un grand amour pour la liberté & un vrai républicanisme, rendront cet ouvrage intéressant à tous ceux qui aiment leurs pays, &c. (*Journal des indications, 18 ventôse, an 5.*)

— Quoique cette histoire ne soit pas exempte de partialités & d'erreurs, elle est écrite avec sagesse, dans des principes modérés, & l'on y suit avec méthode le fil des événemens. (*Nouvelles politiques, 24 pluviôse, an 5.*)

33 RUDIMENT français (petit), ou principes simples de langue française, réduits en 25 leçons élémentaires; ouvrage utile à tous les peres de famille, aux instituteurs dans les écoles primaires de la république ou maisons privées; enseigné gratuitement sous les auspices du gouvernement, au local de la

bourse de Paris ; par le citoyen *Plaisant de la Houssaie.* — Paris, *Hautbout* (sans date, mais vers l'an 4) ; in-12 de 96 pages. (*Hautbout.*) 24 s.

L'auteur a bien raison, quand il dit que beaucoup trop qui ont écrit sur la Grammaire n'ont toujours voulu faire que de la science, des traités érudits ; ou des volumes.

Qu'a-t-on besoin, en effet, d'apprendre aux gens simples des campagnes qu'il y a 8 parties dans le discours ? Sans doute il serait très-bon qu'ils le sussent ; mais ne vaut-il pas mieux se conformer à leur conception que de vouloir transformer en académiciens des gens destinés à manier la bêche ou à porter la hotte. Nous trouvons donc que l'auteur a très-grande raison, & qu'il s'accorde parfaitement en cela avec l'auteur du *petit traité de Grammaire*, N°. 53 ci-après, excepté qu'il traite de toutes les parties de cette science, tandis que l'auteur du petit traité ne s'occupe que du nom, du pronom, & du verbe. Au surplus, l'ouvrage du citoyen *Plaisant la Houssaie* est infiniment clair ; & supposé qu'il ne convienne pas aux enfans des campagnes, au moins il conviendra à ceux des villes. A.

34 SANCERRE (détails sur l'insurrection qui a éclaté dans le canton de), avec quelques idées générales sur l'état actuel de la France, par un habitant du département du Cher. — Imprimé à Bourges en frimaire de l'an 5, 32 pages in-8. (*Cab. bibl. d.* *.) 12 s.

Cet ouvrage est écrit dans de très-bons principes ; il pourra servir à-la-fois de matériaux pour l'histoire & d'instruction sur la conduite que nous devons tenir dans les circonstances difficiles. Le trait suivant est même fait pour égayer ; il justifie cette maxime qui nous a parue très-vraie, que ***dès que le gouvernement est bien organisé, l'art de gouverner n'est plus aussi difficile qu'on le croit communément.*** » On connaît en effet, dit l'auteur, ce mot d'un cardinal à un pape qui venait d'être nommé, & qui voulait refuser, parce qu'il ne se sentait pas, disait-il, assez de force pour gouverner le monde ; acceptez toujours, lui dit le cardinal ; le monde se gouverne de lui-même : ***Il mondo va da se.*** A.

35 LOIX de la république française (dictionnaire raisonné des), ouvrage de plusieurs jurisconsultes, mis en ordre & publié par le citoyen *Guyot*, ancien juge au tribunal de cassation. Tome 1, 2, 3, in-8. de 400 pages. (*Couret, libr., rue des Peres*, n°. 1234.) 4 l., 5 l. 10 s. le vol.

Les frais de port & d'expédition sont à la charge des souscripteurs. Tous les volumes se succèdent de mois en mois. Cet ouvrage, dont l'exécution se poursuit rapidement, sera dans tous les temps un dépôt utile à consulter, dans lequel les corps administratifs, les juges des tribunaux, les juges de paix, les défenseurs des citoyens, les notaires, les greffiers, les huissiers, en général tous les hommes de loi trouveront avec clarté et précision toutes les différentes parties de notre jurisprudence. Les citoyens qui désireront se procurer cet ouvrage remettront au bureau de poste le plus prochain la somme de 20 l. dont ils retireront la reconnaissance, qu'ils adresseront au libraire ou à l'éditeur. Nous avons renvoyé au N°. 1118 ci-après, pour reparler de cet ouvrage, & faire connaître la maniere dont il aura été exécuté.

36 TOLÉRANCE ecclésiastique & civile (de la), ouvr. composé en latin, par Thadée de *Trautmansdorff*, comte du saint

Empire Romain, chanoine de l'église métropolitaine d'Ormutz, &c., trad par le citoyen P. S. S. P. — Paris, Libr. chrétienne, in-8. de 166 pages. (*Libr. chrétienne, rue Jacques*). 50 f., 3 l.

Cette dissertation sur la tolérance &c. a paru en latin à Pavie en 1783, & a Gand en 1784. Il est malheureux que l'auteur se soit traîné un peu trop longuement sur les différentes sectes qui existent. & que tout en parlant de tolérance, il ait eu plus de penchant pour la religion catholique que pour toutes les autres. Qui dit tolérance dit une liberté absolue de faire ce que l'on veut en matiere de culte, pourvu que ce ne soit ni contre la probité ni contre les bonnes mœurs. Ainsi je dis à celui qui veut aller à la messe des assermentés, *tu fais bien* : à celui qui ne veut que de celle des insermentés, *tu fais bien* : au protestant, qui va à son prêche, *tu fais bien* : à l'anabaptiste, qui se moque des catholiques, *tu fais bien* : au sectateur de Mahomet, *tu fais bien* : à l'iconoclaste, *tu fais bien* : enfin à tous ceux qui ont des opinions religieuses quelconques, *vous faites bien*. Nous savons que l'auteur ne manquera pas d'avoir des sectateurs qui prendront son parti ; mais c'est alors que l'on verra la force de nos principes ; car, au lieu de nous disputer avec eux sur la différence de nos opinions, nous leur dirons : Avez-vous raison? vous le verrez bientôt ; car nous aurons la majorité contre nous. Est-ce vous qui avez tort? Nous le verrons également, par cette même majorité qui se prononcera contre vous. En attendant, restons amis, & vivons en paix.

37 VOYAGES d'un philosophe, par Pierre *Poivre*, nouv. édition, à laquelle on a joint une *notice* sur la vie de l'auteur ; deux de ses discours aux habitans & au conseil supérieur de l'Isle de France, &c. ; l'extrait d'un voyage aux Isles Moluques, pour la recherche des arbres à épiceries. — Paris, *Hautbout, rue Mazarine*, an 4, in-18. (*Lucet*) 30 f.

Ce petit ouvrage peut vraiment être regardé comme une introduction à l'étude des voyages, & comme le manuel des voyageurs. Sous tous les points de vue, il mérite d'être lu & médité par les amis de la patrie & de l'humanité. (*Bulletin de littérature, n°. 61.*)

—Cet ouvrage n'aurait en quelque sorte besoin d'autre recommandation que le nom de l'auteur. Ecrit par un homme dont la douce philosophie ne s'occupait que d'améliorer, par ses connaissances & ses voyages, le sort de l'humanité entière, & particulièrement de nos colonies ; il apporta constamment à ce but, l'activité, le courage, les lumières que lui avait généreusement départi la nature. (*Sablier, 5 pluviose, an 5, journal du matin.*)

— Cette édition d'un ouvrage intéressant sur l'agriculture, est augmentée de plusieurs morceaux qui ne se trouvent point dans les éditions précédentes, telles que l'essai sur les toiles peintes des Indes, les observations faites en Cochinchine, &c. (*Petites Affiches, 29 ventose, an 5.*)

— On se doute bien que le titre mis à la tête de cet ouvrage est de la façon des libraires. Poivre était un vrai sage, & par conséquent trop modeste pour afficher un nom qui, sans être alors aussi décrié qu'il l'est aujourd'hui, annonce de la charlatannerie quand on en fait parade & qu'on l'étale comme une enseigne. Il avait pris un titre plus simple & plus convenable : *Observations sur les mœurs & les arts des peuples de l'Asie, de l'Afrique & de l'Amérique.*

Le journal donne ensuite l'extrait d'une notice sur la vie de l'auteur, qu'il termine ainsi : Nous avons pris plaisir à faire connaître l'homme de bien ; de pareils hommes sont devenus si rares ! Une autre fois nous parlerons de son ouvrage vraiment curieux, utile & intéressant à beaucoup d'égards. (*Journal littéraire de Clément, 10 germinal, an 5.*)

Nous parlerons des précédentes éditions sous le n°. 1132.

38 AGRICULTURE en France (vues générales sur l'amélioration de l'), présentée à la commission d'agriculture & des arts, par J. Baptiste *Dubois*, l'un des rédacteurs de la feuille du cultivateur, avec cette épigraphe : *La convention nationale charge tous ses comités & tous ses membres de méditer sur les moyens à prendre pour vivifier l'agriculture, les sciences, les arts & le commerce, & de lui présenter leurs vues sur cet objet important, &c.* (Décret du 28 fructidor, an 2.) — Paris, imprim. de la feuille du cultivateur, an 3, in-8. de 72 pages. (*Marchand; Cab. bibl. d* * 24 f., 30 f.

C'est pour se conformer aux dispositions du décret énoncé dans l'épigraphe que le citoyen *Dubois* présente sur l'amélioration de l'agriculture des vues aussi sages qu'utiles. L'instruction est l'unique base sur laquelle il les fonde. « Il n'est, dit-il, qu'un remede à l'ignorance, c'est l'instruction; il n'est qu'un moyen de briser les chaînes de la routine, c'est l'instruction. Tout ce qu'un homme libre peut imaginer pour améliorer l'agriculture de son pays, se réduit à ce point unique ; tout mode d'amélioration qui n'y reviendrait point serait contraire à la liberté & à l'intérêt général, &c. » Ce principe sûr & incontestable est traité par le citoyen *Dubois* en homme qui pense, médite, réfléchit & combine. Nous, nous prenons plaisir à rappeller cet ouvrage au souvenir des agriculteurs à qui nous ne pouvons trop le recommander : ils y trouveront des choses utiles sous tous les rapports.

39 BATIMENS (extrait de l'essai sur les), par *Madin*, architecte. — Paris, *Migneret*, an 5, 1797, in-8. de 90 pages. (*L'auteur, rue de Verneuil*, n° 428 ; *Migneret, impr., rue Jacob*, n° 1186. *Cab. bibl. d* *) 30 f., 40 f.

Jusqu'à present, dit l'auteur, on n'a rien donné de bien précis sur les loix des bâtimens, attendu que chaque ci-devant province avait ses coutumes particulieres, qui étaient entr'elles plus ou moins discordantes, & qui étaient plus ou moins commentées : mais comme la république ne doit être qu'une, il paraît convenable que la législature établisse des loix communes à tous les départemens, & assises sur celles de ces coutumes les plus équitables. C'est dans cette vue que le citoyen *Madin* a présenté cet extrait au public, & particulierement aux propriétaires de fonds, architectes, hommes de loix & entrepreneurs ; il rapproche les objets analogues, afin qu'on soit à même de relever les erreurs qu'il aurait pu commettre involontairement.

Nous n'ajouterons rien à cet exposé. Il suffit, pour faire connaître le but & le plan de l'ouvrage, qui sera à coup sûr, goûté des gens de l'art. R.

40 ECOLES centrales (coup-d'œil sur les), considérées dans leurs rapports avec l'agriculture & l'industrie, par un citoyen du département du Cher. — Germinal, an 4, in-8. de 12 pages. (*Cab. bibl. d* *) 6 f., 8 f.

C'est, dit l'auteur, sur deux bases de la PROSPÉRITÉ PUBLIQUE que j'entreprends aujourd'hui de fixer les regards des professeurs en jettant un coup-d'œil sur le bien qu'elles peuvent leur offrir : ces deux bases sont l'*agriculture* & l'*industrie* ; l'agriculture qui multiplie les matieres premieres, & l'industrie qui les emploie. Mon but est donc d'indiquer à chaque professeur ce qu'il peut opérer pour le bien du territoire de la république, à l'arrondiſſement duquel ſes connaiſſances doivent être plus ſpécialement conſacrées.

Il aſſigne en conſéquence à chacun des profeſſeurs ce qu'ils doivent faire dans leur partie.

Il eſt malheureux que l'auteur ne ſe ſoit pas développé davantage.

41 ECOLES centrales (de l'enſeignement dans les), par Dieudonné *Thiébault.* — Strasbourg, *Levrault*, an 5, in-8. de 54 pages. (*Fuchs, rue des Mathurins.*) 12 ſ., 15 ſ.

S'il importe à l'unité de l'eſprit public, que l'on nous attache tous à une même doctrine ; s'il eſt de la juſtice de nous offrir à tous les mêmes facilités & les mêmes ſecours ; ne faut-il pas que les profeſſeurs d'une même ſcience, dans l'ordre & le développement de leurs leçons, ſe rangent autour d'un même plan, & que non-ſeulement ce plan ſoit auſſi parfait que la nature des choſes peut le permettre, mais que de plus on adopte par-tout pour le ſuivre, la méthode la plus convenable & la plus utile ; tel eſt le tracé de cet ouvrage que l'auteur nous paraît avoir traité avec beaucoup de profondeur. A.

42 CHAMPÊTRÉIDE (la), ou les beautés de la paix & de la nature ; poëme publié & mis au jour par le citoyen *Henrion*, ancien membre du point central des ſciences, arts & métiers. — Paris, *l'auteur*, (ſans date, mais vers l'an 4), petit in-8. de 59 pages. (*Cab. bibl. d**) 10 ſ., 12 ſ.

Nous ſommes aſſez de l'avis du citoyen *Lucet*, ſur les défauts trop multipliés de cet ouvrage.

Nous croyons cependant que l'auteur ayant dit dans ſon diſcours préliminaire, que ce n'était pas un poëme ſur les ſaiſons qu'il avait prétendu faire, mais ſeulement montrer les beautés de la nature dans la partie des champs, il était de la générosité du critique de ne pas le traiter ſi durement, & de ſavoir quelque gré à l'auteur de la pureté de ſes intentions : comme c'eſt le ſentiment qui nous guidera, rien ne nous empêchera de voir en lui un citoyen eſtimable que le deſir de faire des vers a entraîné, & qui a ſans doute compté ſur des lecteurs plus indulgens que le citoyen *Lucet*.

43 BALANCE politique de l'Europe (du péril de la), avec cette épigraphe : *Accipe nunc Danaum inſidias.* (Virgile) — Londres, 1789, in-8. de 148 pages. (*Cab. bibl. d*) 6 l., 7 l.

Les uſurpations & les invaſions fréquentes en Suede, en Pologne, en Pruſſe, &c., d'une nation preſque ignorée en Europe au dernier ſiecle, les projets de conquête de cette nation aggrandie aux dépens de ſes voiſins, ſemblent faire craindre à l'auteur, des entrepriſes dont l'Allemagne même s'eſt reſſentie ; & ce ſont les motifs qui ont guidé la plume de l'auteur.

Ces motifs ſont ſans doute très-louables, nous ne pouvons qu'y applaudir ; mais nous nous permettrons une réflexion ſuggérée par les circonſtances.

Dans le temps où l'auteur écrivait cet ouvrage, ſes vues pouvaient avoir un but utile ; en 1789, ſes craintes, relativement aux entrepriſes de la Ruſſie, pouvaient n'être pas ſans fondement ; mais maintenant que la France a ſu réſiſter à l'Europe coaliſée contre elle, & repouſſer victorieuſement ſes efforts ; maintenant que nos armées triomphantes forcent ces mêmes coaliſés à une paix auſſi honteuſe pour eux que glorieuſe pour la république ; qu'avons-nous à craindre des entrepriſes belligérantes de quelque nation que ce ſoit ? — Au reſte, la brochure que nous annonçons

renferme

renferme d'excellentes idées ; elle est bien écrite, & mérite d'être lue. L'auteur paraît être profondément versé dans la politique, dont il sait manier habilement tous les ressorts.

Cet ouvrage est presque épuisé : on n'en rencontre même que rarement des exemplaires dans le commerce. R.

44 CORRESPONDANCE philosophique entre quelques hommes honnêtes, ou lettres philosophiques, politiques & critiques sur les événemens & les ouvrages du temps. — Lausanne, *Lacombe*, 1794, 1795, 3 vol. in-8. d'environ 300 pag. chacun. (*Cocheris*, *libraire*, *cloître Benoît.*) 6 l., 9 l.

L'esprit de cet ouvrage est, dit l'éditeur, tout entier dans ce vers d'Horace :

Quid verum atque decus curo & rogo, & omnis in hoc sum.

C'est le tableau fidele de tout ce qui s'est passé d'intéressant en France & dans l'étranger en 1794 & 1795. Cet ouvrage a été publié périodiquement, pendant ces deux années, par une société de gens de lettres. Il est suspendu, & ne paraît pas avoir de continuation ; c'est une privation sensible pour le public, & un tort réel aux écrivains qui s'occupent de l'histoire de notre révolution. Ils trouveront, dans ces trois volumes, des matériaux intéressans.

45 ENFANS (principes de J. J. Rousseau sur l'éducation des), ou instructions sur la conservation des enfans, & sur leur éducation physique & morale, depuis leur naissance jusqu'à l'époque de leur entrée dans les écoles nationales; ouvrage indiqué pour le concours, suivant le décret de la convention nationale du 9 pluviôse, an 2. — Paris, *Aubry*, an 2, in-18 de 190 pages. (*Cab. bibl.* *) 20 s., 25 s.

Nous avons une foule d'ouvrages sur l'éducation morale, & nous n'en avons qu'un seul bon sur l'éducation physique, c'est l'Emile de J. J. Rousseau : mais cet ouvrage n'est pas à la portée de tout le monde ; l'analyse ne pouvait donc qu'en être utile, & même nécessaire. Extraire cet excellent livre, le copier même mot à mot, & renfermer dans des cadres étroits tout ce que ce grand homme a écrit sur chaque objet, telle est la tâche difficile que s'est imposée l'auteur de ce petit ouvrage, tel est le but qu'il s'est proposé, & nous pouvons dire qu'il l'a atteint avec autant de succès que de talent. Cet extrait est plein de réflexions précieuses qui méritent d'être discutées par les philosophes ; & quoiqu'elles soient très-savantes, elles ne seront pas moins comprises facilement des bonnes meres à qui il est spécialement destiné ; nous ne pouvons trop leur en recommander la lecture.

46 ENFANS (quadrille des), ou systême nouveau de lecture, avec lequel tout enfant de quatre à cinq ans peut, par le moyen de 84 figures, être mis en état de lire sans faute, à l'ouverture de toutes sortes de livres, en trois ou quatre mois, & même beaucoup plutôt, suivant les dispositions de l'enfant. Quatrieme édition revue, abrégée & perfectionnée, à l'usage des jeunes éleves de la pension académique du faubourg Honoré, n° 2. — Paris, *Couturier pere*, 1777, in-8. de 142 pages. (*Cab. bibl. d* *) 9 l., 10 l.

Cet ouvrage n'est point nouveau : ce systême de lecture parut pour la premiere fois en 1744 avec un succès prodigieux ; il s'en fit trois éditions en moins de trois ans. Pour se former une idée de son utilité, il suffit de jetter les yeux sur le tome 32, lettre 469 des observations sur les écrits modernes, par l'abbé Desfontaines, ce fameux critique, à qui il était si difficile d'en imposer en matiere de science & de littérature. Les bornes que nous nous sommes prescrites, ne nous permettent pas de transcrire cette lettre ; nous nous contenterons de dire que l'abbé Desfontaines, doutant du succès de cette méthode, voulut s'en convaincre par lui-même, & en fit l'épreuve sur l'enfant le plus inepte qu'il put trouver. Au grand étonnement de l'abbé Desfontaines, cet enfant, au bout de 26 jours, lisait couramment dans le premier livre ouvert. De quelque côté que je la considere, ajoute-t-il, je trouve cette invention la plus avantageuse que nous puissions jamais souhaiter pour l'éducation de la jeunesse, & même pour le progrès de la littérature.

A un suffrage d'un si grand poids, auquel on peut joindre celui de plusieurs autres personnages non moins marquans, nous ne pourrions rien ajouter qui pût mieux démontrer & prouver l'utilité de cet ouvrage. (A.)

— Par cette méthode, au moyen de 84 figures, & sans épeler, on met les enfans de quatre ou cinq ans en état de lire en trois ou quatre mois, & même plutôt, à l'ouverture du livre. On ajoute, dans cette nouvelle édition, une instruction à l'aide de laquelle on saisit aisément la clef de cette méthode.

Les succès faciles qu'a obtenus cet ouvrage, justifient les avantages que l'on doit se promettre de ce système de lecture. & que l'on obtiendra sûrement lorsqu'après s'être pénétré de l'esprit dans lequel il est composé, on ne s'écartera pas des moyens méthodiques que l'éditeur emploie, & qu'il présente dans cet ouvrage, pour mettre le maître & l'éleve sur la voie du succès. (*Journal de Paris, avril 1784.*)

47 TRAITÉ des études de Rollin (abrégé du), à l'usage des jeunes gens, des instituteurs & des peres de famille, avec cette épigraphe :

> On pourrait faire, pour l'usage des jeunes gens, un recueil des plus beaux endroits de certains ouvrages qu'on ne peut pas leur donner en entier. *Traité des études.*

Par le citoyen *Regnard.* (*L'auteur, rue des fossés Germain-l'Auxerrois*, n° 252 ; *Cab. bibl. d**) 30 s., 40 s.

L'auteur de cet abrégé a rendu un vrai service à l'enseignement, en élaguant une foule de longueurs qui pouvaient rebuter les jeunes gens de la lecture du traité des études. On ne peut que lui savoir gré du respect religieux qu'il a montré pour le texte de l'original, il n'a point altéré cette douce simplicité qui, dans Rollin, fait aimer l'homme & ses écrits ; il n'a fait que réduire en un les 4 vol. de son intéressant ouvrage, &c. (*Moniteur, 15 fructidor an 4.*)

48 FRAPPEZ, mais écoutez. — Paris, an 5 (1796), in-8. de 180 pages. 30 s., 36 s.

— Les Corps législatifs de France ont-ils aliéné les biens nationaux : & en supposant l'affirmative, le contrat serait-il indissoluble entre la nation & les acquéreurs? Ceux-ci, pour conserver à perpétuité leur acquisition, peuvent-ils invoquer la foi publique & l'article 374 de l'acte constitutionnel ?

Telles sont les questions que l'auteur examine, discute & résout avec toute la sagesse & la délicatesse de la probité & une énergie soutenue par l'amour du bien public. Quel qu'en soit le résultat, ses efforts, en partant d'un but auſſi louable, méritent l'encouragement des hommes honnêtes, & ſes erreurs ont droit à leur indulgence. (*Le Déjeûner.*)

— *Frappez, mais écoutez* : tel eſt le titre bizarre d'une brochure qui mérite d'être lue & méditée par ceux qui nous gouvernent. Le but de l'auteur eſt de démontrer que la propriété des domaines nationaux n'a jamais ceſſé d'appartenir à l'état. Cette propoſition, qui, au premier coup-d'œil, ſemble un paradoxe, prend un caractere d'évidence quand on lit ſans prévention les raiſons qui l'établiſſent. L'auteur a claſſé les diverſes branches de ſa diſcuſſion avec beaucoup de méthode; c'eſt par une ſuite de principes lumineux développés dans quinze chapitres, qu'il vous amene à une conſéquence qui n'eſt autre que la propoſition même qu'il avait à démontrer. Nous invitons ſur-tout à lire le treizieme chapitre. Cette brochure a encore le mérite d'être fort bien écrite. (*Journ. d'indicat.*, 17 *ventoſe, an* 5.)

Nª. *Le fonds de cet ouvrage a été ſaiſi à Evreux par ordre du gouvernement.*

49 CHIRURGIE. Traité des maladies chirurgic. & des opérations qui leur conviennent; par MM. *Chopart* & *Deſaux*, profeſſeurs à l'école pratique de chirurgie. — Paris, an 4, 2 v. in-8. de 700 p. en tout. (*Villiers, quai des Aug.*) 6 l., 7 l. 10 ſ.

Ce traité élémentaire avait été fait pour les étudians en chirurgie qui ſuivaient les leçons de ces deux célebres profeſſeurs; il contient les premiers principes de l'art de guérir : les maladies chirurgicales y ſont expoſées avec méthode & préciſion, ſuivant le ſiege des parties qu'elles affectent : la deſcription des opérations qui leur conviennent eſt exacte & ſuccinte : on n'y trouvera ni citations, ni remarques hiſtoriques & critiques; ſouvent elles éloignent les commençans de l'attention qu'exigent des choſes eſſentielles, & les entraînent dans des recherches & des diſcuſſions prématurées : le ſtyle en eſt correct, ſimple, clair & précis; enfin, cet ouvrage a pour but d'applanir les difficultés d'un art précieux à l'humanité, d'en rendre les progrès plus rapides, les ſecours plus sûrs & plus multipliés. (*Note des éditeurs.*)

50 AIGUILLON (mémoires du miniſtere du duc d'), pair de France, & de ſon commandement en Bretagne, pour ſervir au regne de Louis XV & de Louis XVI. — Paris, 1792, in-8. (*Buiſſon, rue Hautefeuille, nº 20.*) . 4 l., 4 l. 10 ſ.

Le citoyen *Buiſſon* a mis au jour une collection de mémoires, qui ſeront bien intéreſſans un jour, pour quiconque voudra écrire l'hiſtoire de notre ſiecle. Mais s'il eſt important, pour les hiſtoriens, d'avoir des matériaux authentiques, leur ſera-t-il poſſible d'avoir confiance en tout ce qui aura été écrit dans le trouble d'une révolution, où le miroir de la vérité eſt ſouvent remplacé par le priſme de la prévention ou de l'erreur? De toutes les intrigues, celles des cours & des miniſtres ſont les plus difficiles à ſaiſir, & c'eſt preſque toujours à tort qu'on ſe flatte de les avoir approfondies. Quoi qu'il en ſoit, les mémoires du duc d'Aiguillon, qui a joué un ſi grand rôle, peuvent faire une ſuite très-intéreſſante aux ouvrages qui nous ont donné des notions ſur le gouvernement, pendant les regnes de Louis XIV, de Louis XV, & juſqu'au moment de la revolution; c'eſt à la poſtérité à apprécier le dégré d'authenticité de ces nombreux mémoires, & à compulſer tout ce qui pourra l'éclairer ſur la vérité ou ſur les impoſtures de l'hiſtoire : impoſtures dont nous avons déjà aſſez d'exemples, relativement aux ſiecles qui nous ont précédés. (*Pet. Affic.*, *20 avril 1792.*)

— Ce livre doit être joint à tous ceux qui, depuis quelques années, nous ont dévoilé les turpitudes & les ſottiſes du dernier regne. Encore quelques révélations, & tous les matériaux ſeront prêts pour en écrire l'hiſtoire. Il ne manquera plus qu'un hiſtorien. (*Moniteur, 3 Mai 1792.*)

51 ABEILLES (nouv. obferv. fur les), adreffées à M. Ch. *Bonnet* par François *Hubert*, fuivies d'un manuel pratique de la culture des abeilles, contenant les moyens économiques d'en tirer le meilleur parti, & les recettes pour faire l'hydromel, la bierre d'épicia & de genievre; par D. . . , cultivateur d'abeilles. — Paris, 1796, in-12 de 312 p. (*Debray.*) 40 f., 50 f.

Si la modeftie d'un auteur eft la preuve de fon talent, on doit regarder cet ouvrage comme devant occuper un rang très-diftingué parmi ceux qui ont traité de cette intéreffante partie. Il nous a paru en effet renfermer des vues infiniment utiles; mais ce qui doit confidérablement ajouter à fon prix, c'eft que le célebre *Bonnet* lui donna fon approbation. (A.)

— L'ouvrage de François *Hubert*, quoique jufqu'à préfent très-peu répandu en France, y jouit de l'eftime la plus méritée, & on le regarde avec raifon comme le livre le plus neuf dans cette matiere qui ait été publié depuis Réaumur. Il nous paraît défirable qu'il foit lu avec attention par tous ceux qui s'adonnent à l'éducation des abeilles. Cette édition eft moins belle à la vérité, mais elle eft beaucoup moins chere que l'édition originale, à laquelle elle nous a parue conforme. (*Feuille du Cultivateur, 27 floréal, an 4.*)

52 GOUTTEUX (manuel des) & des rhumatiftes, ou l'art de fe traiter foi-même de la goutte, du rhumatifme & de leur complication, avec la maniere de s'en fervir, de s'en guérir, & d'en éviter la récidive, au moyen de l'élixir anti-goutteux & anti-rhumatique; par le citoyen *Gachet*, médecin: 4e édition, revue, corrigée & augmentée. — Paris, l'auteur, an 2 (1793), 2 vol. in-12 d'environ 300 pages chacun. (*Cab. bibl. d* *) 6 l., 7 l. 10 f.

Donner l'étymologie, la définition & les divers noms de la goutte; expofer les fentimens des anciens & des modernes fur fon origine; expliquer fa naiffance, celle des tortues, fes fymptômes, fes effets & fes fuites; décrire fes différentes caufes, celles du rhumatifme, celles de la complication de ces maux, dans le *rhumatifme goutteux*, ou la *goutte rhumatifante*, celles de leur fréquence actuelle; déterminer le réfultat de ces caufes; démontrer, par théorie & par l'expérience, l'efficacité d'un remede qui détruit ce réfultat; prefcrire un régime qui en empêche une nouvelle formation; joindre à ces connaiffances des obfervations générales & particulieres qui puiffent diriger dans les cas les plus rares & les plus extraordinaires; tel eft le plan que l'auteur trace lui-même de cet ouvrage. Dire qu'il eft à fa 4e. édition, c'eft achever de démontrer fon utilité, & prouver fon fuccès. (A.)

— La multitude des perfonnes affectées des cruelles maladies contre lefquelles M. *Gachet* donne un fpécifique falutaire, & les atteftations de guérifons, qui font annoncées à la fin de cet ouvrage, en affurent le fuccès, & en démontrent l'utilité. (*Mercure de France, 26 janv. 1793, an 2.*)

53 GRAMMAIRE françaife (petit traité de), ou notions élémentaires propres à préparer les enfans du *fecond âge* à l'étude de cette fcience, & à faciliter à ceux qui n'ont appris qu'à LIRE ou à *parler* PATOIS le moyen de participer aux avantages inappréciables de l'inftruction publique. — Paris, *Aubry*, an 3, in-16 de 32 pages. (*Cab. bib.* *) 5 f., 6 f.

Ce petit ouvrage, deftiné au concours, remplit parfaitement fon titre; il présente les premiers élémens du langage avec une précision & une clarté qui le mettent à la portée des enfans, même les plus simples. Nous en recommandons l'acquisition aux peres de famille, & à toutes les personnes chargées de l'instruction des enfans.

54 BIENS nationaux (observations sur la nécessité de donner promptement le complément à la loi du 30 brumaire sur la vente des) contre des inscriptions au grand livre, & en facilitant les transfers par les deux moyens suivans : 1°. en abolissant tout-à-fait ou en réduisant à un taux insensible le droit sur les transfers que perçoit le trésor public : 2°. en substituant aux transfers pardevant notaire, qui sont sujets à des frais & à une perte de temps considérable, un bureau particulier à la trésorerie, où les transfers se feraient sans formalité & sans frais, comme à Londres. Par le citoyen *Saint-Aubin*, professeur de législation aux écoles centrales du département de la Seine : an 5, in-8. de 48 pages. (*L'auteur, rue de l'Oratoire.*) 12 f.

L'étendue du titre de cette brochure nous dispense d'entrer dans aucun détail. L'auteur y a fait des additions qui composent une feuille in-8., dont le prix est de 8 f., 9 f.

55 COMMERCE & navigation (traité de) entre S. M. Britannique & les Etats-unis d'Amérique, finalement ratifié par la législature d'Amérique, suivi d'un projet fraternel adressé aux négocians français, pour effectuer la compensation des pertes occasionnées par les loix américaines pendant leur commerce dans les Etats-unis; par J. S. *Eustace*, maréchal de camp, retiré du service de la République. D'après une édition du président des Etats-unis; avec cette épigraphe :

Rempublicam nostram non extrà noxam modò, sed etiam extrà famam noxæ, conservandam esse. (Tit. Liv., l. 34.)

— Paris, *Desenne*, an 4, in-8. de 68 pages. (*Desenne; Cab. bibliogr. d* *) 20 f.

Quels que soient les résultats de ce traité, on conviendra que les français conservent un droit incontestable à blâmer les parties de cet acte diplomatique qui peuvent diminuer ou affaiblir les avantages qu'ils devaient s'attendre à trouver dans leur amitié & leurs relations commerciales avec les Américains.

56 DESORDRE régulier (le), ou avis au public sur les prestiges de ses précepteurs, & sur ses propres illusions, avec cette épigraphe :

Non unus toto naturæ vultus in orbe;
Hinc imitanda mihi quæ, dum loquor, omnia vertit.

— Berne, 1786, in-18 d'environ 430 p. (*Cab. bibl. d*) 3 l., 4 l.

Ce petit ouvrage est l'essai d'un homme pénétré des malheurs de l'humanité, & qui en a recherché la cause avec toute l'énergie de l'intérêt personnel. Au premier pas, il a, dit-il, apperçu qu'il ne nous manquait, pour être heureux, que de savoir l'être. Il part de ce principe, & le développe avec les armes d'une logique persuasive. Un style léger & fleuri, une sorte d'originalité piquante, des idées neuves & singulieres, caractérisent cet ouvrage, & le rendent infiniment agréable & intéressant. Nous sommes persuadés qu'il doit plaire aux hommes de bon goût, & aux amis des raisonnemens solides & convaincans.

Il est devenu très-rare dans la librairie, & nous n'en avons qu'un petit nombre d'exemplaires. (A.)

57 FILLE de basse-cour (manuel de la), contenant des instructions pour élever, nourrir & engraisser tous les animaux de la basse-cour, & en tirer le plus grand produit, avec des remedes propres à les guérir des maladies auxquelles ils sont sujets. — Paris, Feuille du Cultivateur, 1797, an 5, 1 vol. petit in-12. de 96 pages; nouv. édition. (*Feuille du Cultivateur*, *Meurant.*) 15 f., 20 f.

On apprend, dans cet ouvrage, à soigner les pigeons, les poules, les dindons, les canards, les oies, les vaches & les cochons. Ceux qui trouveront cet ouvrage trop peu étendu, pourront avoir recours au tome 4 de la Feuille du Cultivateur, qui renferme, sur cette matiere, une instruction très-détaillée du citoyen *Parmentier*, laquelle est complette sous tous les rapports. (A.)

58 MIRANO, ou les Sauvages, histoire américaine, trad. de l'anglais de Richardson, par Théodore-Pierre *Bertin*, avec cette épigraphe :

Et parvæ nonnulla est gratia musæ. (Mart.)

— Paris, 1797, an 5, in-18 de 120 pages, orné d'une jolie gravure. (*L'auteur, rue de la Sonnerie*, n° 1; *Pigoreau, libraire, place St-Germain-l'Auxerrois.* 20 f., 24 f.

John-Williams Richardson, auquel nous devons l'ouvrage que nous annonçons, n'est point, dit l'éditeur, l'écrivain si connu par l'inimitable roman de *Clarisse Harlowe*. Mais les différentes productions qui sont sorties de sa plume lui ont assigné un rang distingué parmi les hommes de mérite dont l'Angleterre a droit de s'enorgueillir. Celle-ci est faite pour plaire sous le double rapport de l'élégance du style & de l'intérêt qu'elle inspire. Elle a fourni le sujet d'une tragédie, qui a été jouée avec beaucoup de succès à Londres sous le titre *des Indiens*, & dont les journaux anglais les plus estimés ont rendu le compte le plus avantageux : nous laissons au surplus au public à prononcer sur le sort de ce petit ouvrage, & à décider s'il justifie l'application de l'épigraphe dont son titre est accompagné.

59 MORALE (cours élémentaire de), ou le pere instituteur de ses enfans, ouvrage propre à l'instruction publique, par Maurice *Lévesque*, avec cette épigraphe :

Puisque la philosophie est celle qui nous instruit à vivre, & que l'enfance a sa leçon comme les autres âges, pourquoi ne pas la lui communiquer? (Montaigne, liv. 1, chap. 19)

— Paris, l'auteur, *Desenne*, an 5 (1796), in-8. d'environ 150 pag. (*L'auteur, rue Benoît*, n° 764) 3 l. 12 f., 5 l.

Morale saine & pure; style simple & clair. (*Journ. de Paris, 28 frim., an 5.*) — Tracer un systême de morale complet & fondé sur les bases solides & invariables de la nature, en développer suffisamment tous les principes &

toutes les regles nécessaires à la conduite de la vie, les mettre par la clarté de la méthode & par la simplicité du style, à la portée de la jeunesse dont l'éducation n'a pas été tout-à-fait négligée; leur donner une forme intéressante, variée, & propre à épargner à un âge si tendre la sécheresse & l'austérité des préceptes; enfin, inspirer la haine du vice & l'amour de la vertu : tel est le but louable de cet ouvrage, but qui mérite les éloges de tout homme de bien, & que l'auteur a rempli en citoyen qui se rend le témoignage satisfaisant de n'avoir eu d'autre objet dans son travail que l'utilité publique. Aussi dirons-nous avec le Journal de Paris, qu'il n'est rien de plus doux & de plus pur que la morale de Maurice Lévesque, rien de plus clair & de plus simple que le style dont l'ouvrage est écrit. (A.)

60 ADOLPHE, ou la Famille malheureuse, par Mme. G. . *Van*. . . . avec cette épigraphe :

Ainsi que les succès, le malheur n'a qu'un temps.

— Paris, an 5, 3 vol. in-18 d'environ 170 pag. chacun, & une figure à chaque volume. (*Lepetit, quai des August.*) 3 l., 4 l.

— Ce roman touchera les ames sensibles, & leur rendra plus que jamais précieuse la pratique des vertus morales, dont il offre les exemples, & qui doivent seules faire le bonheur des hommes. (A.)

— Ce roman, écrit avec chaleur, offre de grands traits de courage & de sensibilité. Il se fait lire avec le plus vif intérêt; & la jeunesse, qui peut rarement aborder de pareils ouvrages sans attaquer la pudeur, lira celui-ci avec autant de fruit pour les mœurs que de succès pour l'esprit. (*Courier républicain, 14 pluviôse, an 5.*)

61 MORALE universelle (la), ou les devoirs de l'homme fondés sur la nature, par le baron *d'Olbach* : nouvelle édition. — Paris, an 4, 3 vol. in-8. d'environ 320 pages chacun, beaux caracteres, papier gr. raisin. (*Cab. bibl. d*) 10 l., 13 l.

Cet ouvrage est fait pour occuper une place distinguée parmi les livres destinés à l'instruction publique; il enseigne la science la plus utile aux hommes, celle qui doit régler leur conduite entr'eux, & les faire concourir à l'ordre, & par conséquent au bonheur général, qui ne peut manquer de résulter de l'observation de leurs devoirs particuliers. Il était de la plus grande importance d'offrir aux hommes un corps complet de doctrine qui ne s'appuyât sur aucune forme particuliere de gouvernement, & bien moins encore sur aucune des opinions religieuses; c'est ce qu'a parfaitement exécuté, parce qu'il l'a bien senti, l'auteur de la *Morale universelle*, le baron d'Olbach. (*Moniteur, 4 vendémiaire, an 5.*)

— Pour être utile, la morale doit être simple & vraie; il faut qu'elle s'explique clairement. Elle ne cherchera point à éblouir par de vains ornemens qui trop souvent défigurent la vérité; elle ne conseillera point aux hommes de s'éloigner les uns des autres, ou de se haïr eux-mêmes; elle ne les rebutera pas par des préceptes austeres, par des conseils impraticables, par des perfections inaccessibles; elle ne leur prescrira jamais des vertus contraires à leur nature; elle les consolera de leurs peines, & leur dira d'en espérer la fin & d'en chercher les remedes; elle leur commandera d'être hommes, de réfléchir, de consulter leur raison qui toujours les rendra justes, bons, humains, sociables, qui leur apprendra en quoi consiste leur bien-être réel; qui leur indiquera les moyens légitimes de s'assurer un bonheur solide durant une vie exempte de honte & de remords.

Tel est le but auquel on s'est efforcé de contribuer dans cet ouvrage, où l'on essaye de développer la nature de l'homme moral, sa tendance invariable, les desirs ou les passions qui le remuent; les principes de la vie sociale; les vertus qui maintiennent & les vices qui troublent son harmonie.

Pour joindre l'autorité au raisonnement, l'on a cru devoir enrichir cet ouvrage de pensées remarquables & de maximes utiles tirées des anciens & des modernes, dans la vue de former une espece de concordance capable de fortifier chacun des chaînons du systême moral que l'on a tenté d'établir. (*Extrait de la préface.*)

62 BÊTES à laine de la race d'Espagne (instruction sur les moyens les plus propres à assurer la propagation des), & la conservation de cette race dans toute sa pureté; publiée par le conseil d'agriculture de la 4e division du ministere de l'intérieur, & rédigée par F. H. *Gilbert*, professeur, membre de l'institut national. — Paris, an 5, impr. de la république, in-8. de 55 p. (*Feuille du Cultiv.*, *rue des fossés Victor.*) 20 s., 24 s.

Les agronomes n'oublieront pas, & nos neveux apprendront avec reconnaissance, que cet habile vétérinaire aura été un des fondateurs d'une branche infiniment précieuse d'économie rurale & d'industrie manufacturiere. (*Répertoire des Indications*, *13 germinal*, *an 5.*)

L'auteur de cet ouvrage, si digne par ses connaissances & ses talens, comme par l'usage qu'il en fait, d'être l'organe des hommes éclairés dont il est le collegue, a su réunir, dans un petit nombre de pages, les principes de la restauration des bêtes à laine. On ne peut être ni plus précis, ni plus clair. (*Journal de Paris*, *13 prairial*, *an 5.*)

— On ne peut être plus précis ni plus clair. Nous renvoyons nos lecteurs à l'ouvrage même, qui doit être lu en entier. Les dernieres pages sur-tout méritent l'attention des grands propriétaires & des cultivateurs instruits. (*Journal d'indications*, 14 *prairial*, *an 5.*)

63 BÊTES à laine (mémoire sur l'éducation des), & les moyens d'en améliorer l'espece; par Adrien *Duquesnoy*, maire de Nancy, 1797, in-8. (*Neuville; Feuille du Cult.* †) 2 l., 3 l.

64 PHYSIQUE chymique (leçons de), ou application de la chymie moderne à la physique, par A. *Libes*, ancien professeur de physique & de chymie à Toulon. — Paris, l'auteur, an 5, in-8. fig. (*L'auteur*, *faubourg Honoré*, no. 110; *Desenne*; *Cab. bibl. d.*) 3 l., 4 l.

Les opinions auxquelles s'attache le citoyen Libes, nous ont paru être en général solidement établies, les plus généralement adoptées par les physiciens modernes. Nous lui ferons cependant le reproche de s'être écarté de cette derniere marche dans sa derniere leçon, qui contient l'explication de quelques phénomenes météoriques. (*Décade philosop.*, *10 pluv.*, *an 5.*)

— Un coup-d'œil jetté sur les découvertes que la chymie moderne vient d'offrir à la physique, suffit pour juger que les ouvrages, sur cette partie, qui ont paru jusqu'à ce jour, sont des ouvrages incomplets. Plusieurs, il est vrai, réunissent à l'élégance du style beaucoup d'ordre & de clarté dans leurs idées, aussi ont-ils reçu dans leur temps un accueil flatteur & mérité : mais depuis leur publication, les découvertes se sont multipliées, les erreurs se sont corrigées, les doutes se sont éclaircis : il manque donc au tableau des connaissances physiques que ces ouvrages renferment, plusieurs traits principaux qui de nos jours caractérisent la physique. C'est ce que le citoyen *Libes* a réuni dans onze leçons, où les découvertes les plus récentes en physique se trouvent réunies avec la méthode, la précision & la clarté qui doivent caractériser tout ouvrage destiné à éclairer l'entrée d'une science.

65 BIBLIOTHEQUES (mémoire fur l'état actuel de nos), lu au lycée des arts, dans la 50e féance, le 30 nivôfe dernier, par F. V. *Mulot*, membre du lycée des arts, & confervateur d'un des dépôts nationaux littéraires de Paris; in-8. de 40 pages. (*Lycée des Arts.*) 15 f., 20 f.

Cet ouvrage, d'un homme de goût, fera lu avec intérêt. On y trouve un tableau affligeant des dégradations que les bibliotheques ont fouffertes fous le régime *ultra-révolutionnaire*, & des vues excellentes pour tirer de ces arfenaux vénérables le parti le plus avantageux pour l'inftruction publique; ce fruit des travaux d'un membre du lycée des arts, eft une preuve de plus des lumieres & du zele des membres qui compofent cette utile fociété que le gouvernement ne faurait trop encourager. (*Pet. Affich. 8 germinal, an 5.*)

66 POMMES de terre (mémoires fur les), & fur le pain économique, lus à la fociété d'agriculture de Rouen, par M. *Muftel*, ci-devant membre de plufieurs académies, nouvelle édition corrigée & augmentée, avec cette épigraphe: *Parcimonia lucrum.* — Rouen, *Dumefnil*, 1793, in-8. de 56 pages. (*Cab. bibl.*) 25 f., 30 f.

Ce mémoire publié en 1767, fous les aufpices de la fociété d'agriculture de Rouen, eut le plus grand fuccès. Comme tout ce qui intéreffe la fubfiftance des hommes excite l'empreffement des bons citoyens, la premiere édition, annoncée avec éloge dans les journaux français & étrangers, & traduite en plufieurs langues, fut rapidement enlevée. Celle-ci, qui eft corrigée & augmentée, ne tardera pas auffi à être épuifée. On y trouve les meilleures méthodes de culture pour en obtenir la plus ample moiffon, & qui en enrichiffant ceux qui les pratiqueront, procurera le bien public.

67 PAIX (abrégé de l'hiftoire des traités de), entre les puiffances de l'Europe depuis la paix de Weftphalie, par M. *Kock*, de l'inftitut national de France. — Bafle, *Decker*, 1796, 4 vol. in-8. (*Onfroy*, *Pougens*, *Amand Kœnig.*) 5 l., 6 l.

Deux volumes de cet ouvrage parurent il y a déjà quelques mois, & nous nous fîmes un plaifir d'annoncer au public comment l'auteur avait puifé dans des fources pures; comment il préfentait les faits avec clarté, avec précifion, avec impartialité; combien cet ouvrage eft intéreffant.

L'auteur en publie aujourd'hui deux autres volumes non moins précieux: l'enfemble de cet ouvrage formera, pour l'homme qui réfléchit, la meilleure fource des connaiffances en droit public. (*Hiftorien, 30 germ. an 5.*)

— L'auteur, déjà connu par plufieurs ouvrages d'hiftoire & de droit public, a eu pour objet de développer les traits fondamentaux qui fervent de bafe au fyftême actuel de la politique de l'Europe. On doit regarder fon *Abrégé* comme l'ouvrage d'un profeffeur qui inftruit de jeunes éleves. Ce livre eft celui du premier âge ; il rend capable de recueillir les réflexions de Mably qui fuppofe un efprit formé & au-deffus des leçons élémentaires. (*Journal des Savans, 16 ventofë, an 5.*)

68 RELIGION (accord de la) & des cultes, chez une nation libre ; par Charles-Alexandre *de Moy*, curé de St-Laurent à Paris, député-fuppléant à la convention nationale, 2e. édition. — Paris, an 4 de la Liberté; *Garnery*, in-8. de 110 pages. (*Garnery*, *Cab. bibl.*) 25 f., 30 f.

Voici ce qu'un journal disait de cette brochure, lors de sa premiere édition : « C'et excellent ouvrage est le fruit de longues & sérieuses réflexions sur la liberté des cultes, & les bornes où il faut circonscrire les prêtres des différentes religions pour les empêcher de se nuire & d'attenter aux droits de la grande société. Ce n'est pas ici une de ces rapsodies enfantées avec précipitation où perce l'intérêt particulier & l'esprit de préjugé. C'est le manuel des sages, le livre que doivent méditer les hommes d'état, les philosophes, les vrais amis de la révolution, &c &c. Quant au style, rien de si simple, de si philosophique & de si touchant : nous invitons tous les bons esprits à se procurer un ouvrage destiné à faire une grande révolution dans nos idées & dans nos mœurs. (*Chronique de Paris, 4 février 1792.*)

— Si dans le temps, nous avons, dans la *Feuille de Correspondance*, applaudi à cet excellent ouvrage, à son estimable auteur, & au jugement qu'en a porté la Chronique de Paris, combien plus vivement n'y applaudissons-nous pas aujourd'hui que les prêtres, & à leur suite l'intolérance cruelle, semblent vouloir ramener le fanatisme, la superstition & tous leurs abus. Nous ne pouvons donc qu'en recommander de nouveau la lecture.

69 RÉVÉLATIONS d'amour, par *Henrion*, avec cette épigraphe :

> La pudeur a sa fausseté,
> Et le baiser son innocence. (*Dorat.*)

— Paris, an 5, in-18 de 108 pages. (*L'auteur, rue des petites Ecuries; Cab. bibl.*) 20 s., 24 s.

Quelques jolis tableaux, des idées voluptueuses, embellissent ce petit ouvrage; mais un style trop négligé, une imitation trop servile de la maniere de Crébillon fils le déparent. On lira cependant avec plaisir ces Révélations d'amour. Elles feront naître dans les ames sensibles des idées douces & mélancoliques, & dans les cœurs amoureux, des idées tendres & voluptueuses. C'en est assez pour désarmer la critique & pour donner des lecteurs à ce petit recueil. (*Indications, 29 pluviôse, an 5.*)

— Ce petit ouvrage sera lu avec plaisir par ceux qui aiment le genre élégiaque : on y trouve des descriptions piquantes & des tableaux frais. (*Pet. Affiches, 15 germinal, an 5.*)

70 ASSEMBLÉES primaires (orateur des). — Paris, an 5, (1797) 12 numéros, in-8. en tout 184 pages. (*Mignard, rue Taranne*, n° 24.) 3 l. 15 s., 4 l. 10 s.

Ainsi que l'auteur se l'était proposé, il a paru de cette feuille 12 numéros, qui sont autant de discours, & de morceaux oratoires marqués au coin d'une éloquence mâle & vigoureuse. Mais on regrette d'y voir des personnalités qui sont bien éloignées de ramener les esprits. Nous espérons que l'auteur les fera disparaître dans la nouvelle édition qu'il se propose de donner incessamment, attendu que par le débit rapide de ses numéros, il n'en reste plus à l'éditeur. Cette édition sera accompagnée de notes qui ne laisseront pas de rendre l'ouvrage encore plus piquant, & si l'auteur y fait les petits amendemens que nous désirons, nous osons dire que ce sera un ouvrage digne d'orner la bibliotheque de tout homme de bien. Nous nous ferons un plaisir d'annoncer à nos lecteurs l'époque à laquelle cette édition paraîtra, & nous lui assignons à ce sujet le n° 1470.

71 RÉVOLUTIONS célebres qui ont changé la face des empires (histoire des). On y a joint celle des conspirations &

conjurations, tant anciennes que modernes, qui ont précédé ces ſortes de révolutions. Lyon, *Bruiſet*, 1796, 3 vol. in-12. avec une figure. (*Cab. bibliograph.*) 6 l., 9 l.

Le ſujet, la nature, l'objet, l'utilité de cet ouvrage, le ſtyle élégant dont il eſt écrit, l'importance des matieres qui y ſont traitées; tout parle en ſa faveur, tout concourt à en aſſurer le ſuccès. Le modeſte auteur, en le publiant, n'oſait eſpérer qu'il ſerait accueilli. Il s'était trop peu flatté, & ſes craintes ſe trouvent auſſi juſtement qu'avantageuſement trompées, puiſque l'ouvrage ſe débite rapidement.

72 ARITHMÉTIQUE décimale (l') enſeignée dans les écoles primaires, ou la connaiſſance des nouvelles meſures, miſe à la portée des enfans de 8 à 10 ans, & des citoyens les moins inſtruits de la campagne; ouvrage adopté pour l'inſtruction publique, par l'agence temporaire des poids & meſures, & précédemment connue ſous le nom d'*Arithmétique décimale*, par le citoyen A. — Paris, an 3, in-16 de 100 pages. (*Cab. bibl.*) 15 ſ., 20 ſ.

Ce petit ouvrage a été favorablement accueilli par l'agence temporaire des poids & meſures; ſa netteté, ſa clarté & ſa préciſion, ſont des titres de plus à ſon utilité. Nous engageons les inſtituteurs, les peres de famille, & ſur-tout ceux à qui il eſt deſtiné, les gens de la campagne, à ſe le procurer.

73 ROLLAND (appel à l'impartiale poſtérité, par la citoyenne), femme du miniſtre de l'intérieur, ou recueil des écrits qu'elle a rédigés pendant ſa détention aux priſons de l'Abbaye ou de Sainte-Pélagie, imprimé au profit de *ſa fille unique*, privée de la fortune de ſes pere & mere dont les biens ſont toujours ſéqueſtrés; avec cette épigraphe:

> « Que ma derniere lettre à ma fille fixe ſon attention ſur l'objet qui paraît être ſon devoir eſſentiel, & que le ſouvenir de ſa mere l'attache à jamais aux vertus qui conſolent de tout. (*Tirée de l'écrit intitulé:* Mes dernieres penſées, *deuxieme partie.*) »

— Paris, Louvet, an 3, 4 parties in-8. 500 pages en total. (*Cab. bibl.*) 6 l., 8 l.

Cet ouvrage n'eſt pas moins intéreſſant comme fragment hiſtorique que par le ſentiment que l'on doit à l'innocence égorgée, & par la deſtination du prix de l'édition. (*Mercure de France, an 3*, n° 42.)

—Incarcérée, calomniée de toutes manieres, ayant l'échaffaud pour unique perſpective, la citoyenne Roland a dû chercher, dans l'eſtime de la poſtérité, les moyens de ſe conſoler de l'injuſtice de ſes contemporains, & dans ſa gloire future un dédommagement de ſa mort anticipée. Cependant le ſeul déſir de ſa réputation, de ſa renommée, ne l'a pas déterminée; elle était ſur-tout animée du devoir de repouſſer les calomnieuſes imputations contre ſon mari, & de venger la mémoire de Roland dans le cas où il n'aurait pu écrire ou faire publier ſa derniere juſtification. Le public, déjà ſi favorablement prévenu en ſa faveur, jugera par la lecture de ſes écrits, ſi elle était réellement digne des éloges de ſes amis, & ſi elle ne méritait pas la haine des ſcélérats qui l'ont enfin envoyée à la mort. (*L'éditeur.*)

74 ROME (tableau politique, religieux & moral de), & des Etats-ecclésiastiques, accompagné de notes analogues au sujet & à la nouvelle constitution de la France, par Maurice *Lévesque*, avec cette épigraphe : *Ex veneno medela.* — Paris, 1791, 370 pages in-8. 3 l. 12, 4 l. 10 f.

Cet ouvrage doit exciter de la curiosité & de l'intérêt dans les circonstances actuelles : il tient assez bien ce que son titre promet ; l'auteur annonce qu'il a fait à Rome un séjour de quatre années, & qu'il a employé ce temps à étudier l'esprit du gouvernement & les mœurs des habitans. Ses observations justes & sages, portent l'empreinte d'un bon esprit, exempt de préjugés & de partialité ; elles sont dignes d'un vrai philosophe, d'un ami de l'humanité. (*Monit.*, 15 *juin* 1791.)

— L'auteur s'écarte souvent de la vérité pour s'attacher à peindre les abus, & par conséquent à les outrer.

Quoi qu'il en soit, il est plein de détails intéressans & instructifs. Sans être aussi étendu que le *Tableau de Paris* de M. Mercier, il en a la physionomie & souvent l'intérêt. (*Pet. Affiches*, 16 *juin* 1791.)

— Dans ce tableau d'un mauvais gouvernement, M. Lévêque trouve des motifs de nous faire chérir notre constitution, fondée sur les principes les plus purs de la raison humaine, & protectrice des vertus, des talens & de l'industrie. Les notes qui suivent l'ouvrage sont remplies d'excellentes vues de politique & d'administration. Enfin, quoiqu'on ait beaucoup écrit sur l'Italie, cet ouvrage manquait, & l'on peut dire qu'en le publiant, M. Lévêque se rend véritablement utile à ses compatriotes. (*Mercure de France*, 9 *juillet* 1791.)

— Ce Tableau de Rome n'est pas une répétition de ce qui se trouve dans d'autres voyages d'Italie. Point de descriptions de peintures ni d'antiquités : on doit en être aussi rassasié qu'ennuyé. Le gouvernement & les mœurs sont presque les seuls objets des observations rassemblées dans ce volume. La plupart des voyageurs parcourent toute l'Italie en cinq ou six mois, & viennent nous en tracer des descriptions nouvelles avec le secours des anciennes ; il n'en est pas de même de M. Lévêque. Pendant un séjour de plus de quatre ans à Rome & dans l'état ecclésiastique, il s'est étudié à démêler l'organisation confuse & compliquée de ce gouvernement ; mais pour ne point égarer l'attention de son lecteur, il en donne d'abord une idée succinte & générale, & il l'envisage ensuite sous différens points de vue qui lui ont paru nécessaires pour son influence sur le caractere, l'industrie, les usages & les opinions des habitans, qui en sont le résultat. (*Journal de Paris*, 3 *octobre* 1791.)

— Les jugemens avantageux de ces divers jugemens sur cet ouvrage en 1791, époque à laquelle il a paru, ne sont pas, selon nous, trop flattés ; & c'est avec un vrai plaisir que nous les reproduisons en le réannonçant. L'auteur a beaucoup ajouté à la réputation distinguée dont il jouit, par son cours élémentaire d'une morale insinuante, dont nous avons rendu compte au n°. 59 ; ouvrage qui lui concilie l'estime bien méritée des hommes honnêtes & paisibles.

75 CENSEUR philosophe, ou le Lucien moderne, feuille périodique qui paraît tous les cinq jours, 16 pages in-8. caractere cicero non interligné. 16 l. par an.

Ce journal n'a eu que six numéros, & n'aura pas de suite.

76 VACHES laitieres (instructions sur la maniere de conduire & gouverner les), par *Chabert* & *Huzard*, 2e. édition,

augmentée. — Paris, an 5 (1797), 49 pages in-8. (*Huzard, rue de l'Eperon, nº. 11.*) 15 f., 20 f.

Les auteurs désavouent, page 4 de l'avertissement, une édition que tous les journaux viennent d'annoncer à bas prix, de cet ouvrage, & qui n'est qu'une contrefaction tronquée de la premiere édition, qui a été faite à leur insçu, & se vend à la Feuille du Cultivateur & chez Meurand, 10 f., 12 f.

Les personnes qui font valoir leurs terres ou celles des autres devraient consulter sans cesse des instructions de ce genre, & les mettre dans les mains de ceux de leurs serviteurs qui savent lire. (*Déc. philos.*, 30 *ventose*, *an* 5.)

77 VENDANGEUR (le), poëme de *Tansillo*, traduit pour la premiere fois en français, par M. *Grainville*, avec cette épigraphe :

La mere en prescrira la lecture à sa fille.

— Paris, 1792, 62 pages in-12. (*Cab. bibl.*) 15 f., 20 f.

Dans la saison des vendanges, les habitans de Nole, ville du royaume de Naples, abusaient de ce qu'Horace appelle *libertas decembris*; livrés à la licence, plongés dans l'ivresse, ils accablaient alors de propos grossiers les femmes de qualité & les seigneurs qu'ils rencontraient dans les campagnes : c'est pour célébrer ces plaisirs que *Tansillo* composa ce poëme sous le voile d'une allégorie piquante & parfaitement soutenue. Le littérateur sera satisfait de pouvoir lire en français une des meilleures pieces de l'italien Tansillo. Elle fut mise à l'index par le pape Pie VI, & elle le fut avec raison; tout en rendant justice au talent & au mérite littéraire de l'auteur, tout en le louant de son travail, nous craignons qu'il n'y ait plus d'un lecteur qui ne blâme son épigraphe & son épître dédicatoire.

78 TEINTURES solides (recueil de procédés & d'expériences sur les), que nos végétaux indigenes communiquent aux laines & aux lainages, par le citoyen *Dambourney*, négociant à Rouen ; nouvelle édition, revue, corrigée, & dans laquelle se trouve refondu le supplément qui a paru depuis.

.... Si quid novisti rectius istis,
Candidus imperti : si non, his utere mecum. (Horace.)

— Paris, Aubry; Rouen, Montier, Dumesnil, an 2, in-8. d'environ 300 pages. (*Cab. bib.* *) 50 f., 3 l. 12 f.

Indiquer à nos manufacturiers les fleurs, les fruits, les bois, les plantes & les racines indigênes ou naturalisées, propres à suppléer les matieres colorantes que l'étranger ne fournit qu'à grands frais, leur enseigner des procédés simples par lesquels elles peuvent multiplier leurs nuances & consolider leurs couleurs : tel est le but de l'ouvrage dont cette nouvelle édition contient plus de 1500 nuances solides au savon & au vinaigre. Le débit prodigieux de la premiere édition, imprimée en 1786 par le gouvernement, garantit le succès de celle-ci. Nous ne pouvons rien faire de mieux pour l'éloge de cet ouvrage, que de citer un passage du rapport des commissaires de la ci-devant académie de Rouen : « Observateur attentif, rédacteur fidele, M. Dambourney ne paraît occupé (dans tout le cours de son ouvrage) que du soin de transmettre dans toute leur intégrité, les procédés qu'il décrit, les manipulations particulieres qui lui ont réussi le mieux; de faire passer enfin son exactitude, son intelligence dans l'ame de tous ses lecteurs. On retrouve par-tout dans cet ouvrage cette précision, cette clarté qui décelent un artiste maître de son travail, l'intérêt qui fait aimer la science, la candeur, la modestie qui font chérir un savant. »

79 SUCCESSIONS (dissertation sur le régime actuel des), contenant l'historique, l'analyse & l'explication par ordre de matieres, des nouvelles loix rendues en cette partie ; avec des observations morales & critiques sur les inconvéniens graves qui résultent du nouveau mode de succéder introduit par les loix ; par A. C. *Guichard.* — Paris, l'auteur, an 5, in-8. de 144 pages. (*L'auteur, rue du Coq Honoré, maison du grand balcon.*) 30 s., 40 s.

Cet ouvrage fait le n°. 6 du Journal de Législation, qui paraît le 20 de chaque mois, & dont chaque n°. coûte 1 l. 10 s. & 2 l.

80 ALEXIS & Justine (amours ou lettres d'), par M * * *. — Paris, Ouvrier, 1797, 3 vol. in-18 d'environ 160 pages chacun, avec fig. (*Ouvrier, rue André-des-Arcs.*) 50 s., 3 l. 10 s.

Ce roman n'a pas le défaut de bien d'autres, de corrompre les mœurs : il n'y a aucune pensée qui ne soit l'expression de l'innocence, aucune maxime qui ne soit conforme à l'honnêteté & aux bonnes mœurs ; la naïveté des deux personnages, leur attachement à la vertu, & leur tendre affection pour ceux qui les protegent, sont des modeles à proposer aux jeunes gens des deux sexes. Il n'a jamais été imprimé en France, mais à Lausanne, en 1786.

81 PHILOSOPHIE Mémoires philosophiques du citoyen *Henrion*, ancien membre du point central des sciences, arts & métiers, où l'on trouve l'origine des sylphes, des gnomes, des salamandres, des nymphes : — la création des mousses ; le développement des germes végétaux ; — la possibilité & l'existence des charmes ; leur nature dévoilée ; — principes généraux de physique & de métaphysique ; — Dieu ; — le monde ; — des erreurs ; — de la vérité ; — quelques histoires ; — des vers ; — des bêtises ; — du sublime ; — des folies ; — du sens commun ; — de la philosophie & beaucoup d'amour. — Paris, l'auteur, vers l'an 4, in-8. de 106 pages. (*Cab. bibl. d*) 50 s., 3 l.

Ces mémoires philosophiques, *d'un genre tout-à-fait neuf*, sont si remplis de spiritualité, qu'il est impossible de la saisir, à moins d'avoir la tête organisée comme celle de l'auteur. Nous en conseillons l'acquisition à toutes les personnes qui ont du goût pour l'apocalypse, &c. (*Bulletin de littérature, n°. 15.*)

82 LIVRES. Feuille de correspondance du libraire, ou notice des ouvrages publiés dans les différens journaux qui circulent en France & dans l'étranger, & par le moyen de laquelle il met ses correspondans au courant des nouveautés. — Paris, Aubry, 1791, 1792, 3 vol. in-8. d'environ 1150 pag. (*Cab. bib.*) 9 l., 12 l.

Nous pouvons regarder cet ouvrage comme notre premier essai ; mais alors nous n'avions point le plan fixe & invariable que nous adoptons aujourd'hui, ou plutôt nous n'en avions point du tout ; c'est une des causes qui ont interrompu cette entreprise.

Au reste, les trois volumes qui en existent pourront plaire & même être utiles aux libraires, aux amateurs, & à ceux qui sont jaloux de connaître les productions qui ont paru en 1791, 1792 & 1793. Elles sont accompagnées aussi des jugemens de quelques-uns des principaux ouvrages du temps, ce qui lui donne un dégré d'intérêt très-piquant, sur-tout pour les ouvrages de circonstances.

83 LIVRES. Nouveautés politiques & littéraires, par l'auteur de la Feuille de correspondance du libraire. — Paris, Aubry, 1793, 1 vol. in-8. de 200 pages. (*Cab. bibl.*) 50 s., 3 l.

Les abonnés à la Feuille de correspondance nous ayant témoigné qu'ils voyaient avec peine des nouveautés souvent éphémeres figurer parmi des brochures plus recommandables, nous nous sommes prêté à leur désir en les insérant dans une Feuille particuliere & séparée. Tel est l'objet de cet ouvrage. Il est en quelque sorte le supplément du précédent.

84 BATAVES (les), par le citoyen *Bitaubé*, membre de l'institut national de France & de l'académie des sciences & belles-lettres. — Paris, an 5 (1797), in-8. d'environ 400 pag. (*Varin, Garnery; Levrault à Strasbourg.*) 3 l. 12 s., 4 l. 10 s.

L'estimable traducteur d'Homere avait déjà prouvé par le poëme de Joseph qu'il était digne d'être traduit lui-même. Les Bataves ne peuvent qu'ajouter à sa réputation. (*Un journal.*)

— Cet ouvrage appartiendrait tout entier à Clio, si Calliope ne s'en était pas mêlée. Il est divisé en dix livres, & écrit en prose. Il ne peut qu'augmenter la gloire littéraire du traducteur d'Homere & du chantre de Joseph. (*Un journal.*)

— Cet ouvrage est un poëme en prose. Le citoyen Bitaubé, auteur de Joseph & d'une traduction d'Homere, a déjà reçu du public des suffrages honorables & constans. Cette production obtiendra certainement la même faveur. (*Républicain français, 14 pluviose, an 5.*)

— Poëme en prose, dont l'objet est la liberté conquise par les bataves. L'action principale, que l'auteur a choisie, est la fondation de la république des Provinces-Unies. Elle se termine à l'union d'Utrech, &c. (*Journal des Savans, premier extrait, 16 pluviose, an 5.*)

— On retrouve dans cet ouvrage l'auteur de Joseph, & le traducteur d'Homere. On y reconnait ce goût sévere, ce style élégant & pur, cette noble simplicité, heureux fruits que rapportent du commercedes anciens, ceux qui ont cherché dans leurs livres, autre chose que des passages. (*Journal des Savans, deuxieme extrait, 30 pluviose, an 5.*)

— Cet ouvrage sera lu avec intérêt; il offre un rare mérite littéraire, un intérêt pressant, des leçons frappantes pour les peuples & pour ceux qui les gouvernent, & présente dans le courage & la persévérance des Bataves un tableau moral propre à inspirer ou fortifier la haine de toute espece d'oppression. (*Petites Affiches, 16 ventose, an 5.*)

— Ce poëme, si cependant on peut honorer de ce nom une prose harmonieuse, se lit avec intérêt. On y trouve des tableaux piquans. (*Déjeûner, 24 germinal, an 5.*)

— L'on reconnaît dans cet ouvrage le traducteur d'Homere, l'homme pénétré de ce goût dont l'antiquité seule offre de véritables sources. Le respectable Bitaubé n'a pas eu seulement pour but de plaire & d'intéresser en rappellant une époque célebre dans l'histoire des nations, en l'embellissant des couleurs du style & des prestiges de l'imagination. *L'action principale qu'il a choisie, & à laquelle toutes les autres sont subordonnées, est la fondation de la république des Provinces-Unies. Il est peu d'événemens qui présentent des leçons aussi frappantes pour les peuples & pour ceux qui les gouvernent.* Ce peu de mots contient le sujet & le but de cet ouvrage, qui appartient à la bonne littérature, & qui doit trouver sa place dans la bibliotheque de tous ceux qui ont véritablement le goût de l'étude. *Journal du Commerce, supplément, 30 germinal, an 5.*)

85 LITTÉRATURE (journal de) & de commerce. Tous les jours, 4 pages in-8. (A Lille, *Vanackere, libr.; Cab. bibl.*)
4 l. 10 f., 5 l. 10 f. pour 3 mois.

Ce journal est fait pour intéresser tous les commerçans. Il est remarquable sur-tout par un tableau, qui présente le prix des principales marchandises dans douze des villes les plus commerçantes, le cours des changes dans les mêmes places, ainsi que l'entrée & le changement des navires dans nos ports les plus fréquentés; l'exactitude des prix & la fraîcheur des dates annoncent une correspondance aussi active qu'étendue. (*Répertoire, 22 germinal, an 5.*)

86 AULI-GELLII noctes atticæ, cum epistolâ Joannis Andreæ, episcopi aleriensis. — Romæ, in domo Petri de maximis, anno Domini 1469, infol.

Édition originale, dont les exemplaires sont très-rares. — On apperçoit au commencement du volume cinq feuillets séparés, qui contiennent un discours en forme d'épître dédicatoire, adressé par l'évêque d'Aléria au souverain pontife Paul II. Vient ensuite le corps de l'ouvrage qui finit par la souscription suivante : = *Anno Christi M. CCCC. LXIX, Paulo regnante II, anno ejus 5, die vero 11 mensis aprilis, in domo Petri de maximis.*

Il en existait un fort bel exemplaire dans le cabinet de M. le président de Cotte. (*Debure*, n° 5917.)

— Premiere édition, dont les exemplaires sont très-rares; vendue 400 liv. chez M. de Gaignat en 1769; 731 liv. à la vente de M. le duc de la Valliere en 1777, & 1130 liv. à la vente du même en 1784. (*Dict. bibl., tome 1er. page 79.*)

Voyez pour toutes les autres éditions de cet auteur, numéros 1400, 1, 2, 3, 4, &c., ci-après.

Nota. Cet ouvrage n'ayant été placé ici que pour l'exemple d'un livre ancien mêlé parmi les modernes & les nouveaux, & par suite de ce que nous avons dit page 13, nous profitons de cette occasion pour ajouter que nous aurons toujours l'attention de réunir ensemble toutes les éditions du même ouvrage, & qu'ainsi il ne faut point s'inquiéter s'il n'est ici question que de premiere édition.

87 NATURE (les harmonies de la), par *Bernardin de St.-Pierre.*

Cet ouvrage, proposé par souscription, est suspendu jusqu'à ce que les circonstances soient devenues plus favorables.

88 BEAU (observations sur le sentiment du) & du sublime, par Emmanuel *Kant*, traduit de l'allemand par Hercule Peyer *Imhoff.* — in-8. de 123 pages; portrait de l'auteur. (*Lucet*) 48 f.

Tel est le titre d'un ouvrage dont l'auteur, s'il faut en croire la renommée, a opéré en Allemagne la même révolution que Descartes en France. Tout retentit d'éloges donnés à la philosophie de Kant, à sa doctrine, à sa méthode. Disons-le franchement, l'ouvrage que nous annonçons pourrait contraster avec tant de célébrité; & cependant, sous un autre aspect, il est propre à l'expliquer. Kant, dans cet écrit, montre une imagination vive, & c'est un des grands ressorts par lesquels on entraîne les hommes. (*Journal des Savans, 26 pluviôse, an 5.*)

— Ouvrage estimé & intéressant, selon le *Journal de Paris...... an 5.*

89 CLITOPHON & Leucippe (amours de), par Achille Tatius,

Tatius, traduit du grec, avec des notes, belle édition. — Paris, imprimerie de Janſen, an 4, in-18. 4 jolies gravures. (*Peronneau*, *Janſen.*) 6 l., 7 l.

Ce roman a été traduit en français pour la premiere fois, par J. Beaudouin, en 1635. Sa traduction forme 1 volume in-8°., orné de figures en taille douce, gravé par Rabel; il a été réimprimé en 1768.

La ſeconde traduction que l'on vient de publier, ne rend pas littéralement l'original; elle l'abrege beaucoup, le corrige & en tranſpoſe quelquefois les détails: le traducteur y a joint des notes utiles. Le nouvel éditeur attribue la traduction qu'il publie, à Desfontaines, qui se cacha, dit-il, ſous le nom de Digli. Dans la Bibliotheque des Dames, où la même traduction a été réimprimée en 1785, ſans notes, on l'attribue à Duperron de Caſtera. Elle parut pour la premiere fois en 1733, 2 parties in-12. (*Journal des Savans*, 30 *pluvióſe*, *an* 5.)

Nous reparlerons des différentes éditions de cet ouvrage ſous le n°. 1262. Celle-ci, qui n'a été tirée qu'à 500 exemplaires, eſt très-ſoignée & ornée de jolies gravures, par Peruquet & Dupré, ſur les deſſeins de Robin.

90 MÉTROGRAPHE exact, ou tables matrices pour la transformation des meſures locales de tous les pays, en meſures métriques. On y a joint les tables des différentes meſures en uſage à Paris, au nombre de 23. — Paris, an 4, in-18 de 96 pages. (*Cab. bibl.* *) 15 ſ., 20 ſ.

Ce qui caractériſe particulierement ces tables, ſur-tout celles de la commune de Paris, c'eſt l'uniformité de leur conſtruction, & le rapport des prix placé toujours au regard de celui des meſures, ce qui ne s'était jamais pratiqué juſqu'à ce jour; on ne ſaurait croire ce que ce rapprochement a de commode pour toute eſpece de calculs, ſoit qu'il s'agiſſe de transformer les toiſes ou les aunes en *metres*; les arpens, les perches & les toiſes quarrées en *metres quarrés*; les toiſes cubes en *metres cubes*, les boiſſeaux en *décalitres*, les pintes en *litres*, & les livres en *kilogrammes*. Auſſi ce petit ouvrage ne peut-il que gagner à être répandu dans toutes les mains. Quant à ceux qui ne ſe ſoucieraient pas des tables matrices, ils pourraient alors ſe procurer le Métrographe pariſien, qui eſt la même choſe quant à la transformation des meſures dont nous venons de parler en meſures métriques. (A.)

91 METROGRAPHE linéaire univerſel, ou échelle de comparaiſon, pour transformer, ſans calcul, en meſures métriques, toutes ſortes de meſures, & dans quelque pays que ce ſoit. Par le citoyen *Aubry*. — Paris, l'auteur, an 4, in-18 de 58 pages. (*Cab. bibl.*) 36 ſ., 40 ſ.

On y joint une inſtruction qui contient: 1°. l'explication du Métrographe; 2°. la maniere de s'en ſervir; 3°. un tableau des principales meſures de France & des pays réunis à la république françaiſe.

Ce Métrographe eſt fait en exécution de l'article XIX de la loi du 18 germinal, ordonnant qu'il ſera fait des *échelles graphiques* dans toute l'étendue de la république, pour la transformation de toutes les meſures. Mais il y a cette différence ici, que ce *Métrographe* ſuffit à lui ſeul, tandis que, ſi l'on exécutait la loi, il faudrait autant d'*échelles graphiques* qu'il y a de différentes meſures en France & dans l'Etranger: ce qui n'eſt aucunement praticable.

92 MÉTROGRAPHE pariſien (le), ou tables de compa-

raiſon au nombre de 23, ſervant à transformer la *toiſe* courante de roi, & l'*aune* de Paris en *metres* courant ; — la *perche quarrée* de roi & de Paris, en *hectares* & en *ares* ; — la *toiſe quarrée* en *ares* & en *metres quarrés* ; — la *toiſe cube*, en *metres cubes* ; — le *boiſſeau* de Paris, en *décalitres* ; — la *pinte* de Paris en *litres* ; — les *livres* de 16 & de 15 onces, en *kilogrammes*, & les *ſols* & *deniers* en *centimes*.

De ces 23 tables de comparaiſon il y en a quatre pour les meſures de longueur, faiſant les tables I à IV ; ſix pour celles de ſurface, faiſant les tables V à X ; ſix pour celles de capacité, faiſant les tables XI à XVI ; & quatre pour celles de peſanteur, faiſant les tables XVII à XX. On y a joint la table de réduction de toutes les fractions poſſibles en fractions décimales, faiſant la table XXI, & celles du rapport des monnaies, qui font les tables XXII & XXIII. (A.)

93 CANDIDATS à la nouvelle légiſlature (les), ou les grands hommes de l'an 5, avec les noms, prénoms & ſurnoms qu'ils ont acquis pendant la révolution, par le *Couſin Luc*, petit frere du grand Couſin Jacques. — Paris, an 5, in-8. de 24 pages, belle impreſſion. (*Vatar, rue de l'Univerſité*, nº. 239) 10 ſ., 15 ſ.

De l'eſprit, de la gaieté, ſous le rapport du talent. (*Sablier, 8 germinal, an 5. Journal du matin.*)

—Cette ſatyre, pleine de ſaillies piquantes, a eu un deuxieme & un troiſieme Numéros, & paraît avoir de la ſuite : le ſuccès brillant qu'a eu le premier numéro, dit l'Ami de la Patrie, nous diſpenſe de faire l'éloge de cette bagatelle. (*15 germinal, an 5.*)

— Ce troiſieme chant du Couſin-Luc annonce de *grands événemens*. Saint Denis s'intéreſſe pour les convives de Benezech, changés en bêtes ; il rend Laharpe à ſa forme primitive, & lui ordonne le pélerinage de Rome. Les aventures du nouveau pélerin occupent une bonne partie de ce chant, qui laiſſe Laharpe, arrêté à Lyon comme Jacobin. (*Journal des Hommes libres, 23 floréal, an 5.*)

Voyez, pour la ſuite de cet ouvrage, le nº 1290.

94 EMPRUNT-LOTERIE (plan d'un), ou moyens d'entreprendre ſans délai & d'achever en peu d'années les immenſes & importans travaux de la navigation générale & intérieure de la France ; du deſſéchement des marais & du défrichement des terres incultes ſans le ſecours du tréſor public, & ſans augmentation des charges des contribuables. Par J. H. *Lefevre*. — Paris, an 5 (1797), grand in-4. de 40 pages, avec pluſieurs tableaux. (*Feuille du Cultivateur ; Répertoire des Indications.*) 40 ſ., 50 ſ.

La navigation intérieure de la France a été l'objet de la méditation d'adminiſtrateurs éclairés & de ſavans diſtingués. Un grand nombre d'ouvrages ont été publiés ſur cette intéreſſante partie de l'économie politique : les uns indiquent les canaux à former & les rivieres à rendre navigables ; les autres démontrent les incalculables avantages qui réſulteraient d'une navigation intérieure ; pluſieurs enfin prouvent la néceſſité d'entreprendre ſans délai les immenſes travaux qu'elle exige ; mais tous ces ouvrages, du plus grand intérêt par eux-mêmes, ne pourront ſervir, comme ils l'ont déjà fait jusqu'à présent, qu'à enrichir les bibliotheques, si, faute de moyens pécuniaires, on ne peut mettre en pratique les precieux documens qu'ils renferment. Le plan d'un *emprunt loterie* a pour objet de conduire aussi sûrement que promptement à ce but. Ce plan utile mérite d'être pris en considération par le corps législatif, & médité par tout ce qu'il y a d'hommes éclairés. (*Extrait de l'ouvrage.*)

— Si le titre d'un ouvrage fixait irrévocablement l'opinion sur l'utilité dont il peut être, & sur le plus ou moins d'intérêt & de confiance qu'il doit nous inspirer, le succès de cette brochure pourrait nous paraître équivoque, d'après la discussion qui a eu lieu dans les conseils, & particulierement dans celui des anciens, sur l'établissement d'une loterie nationale. Mais les lecteurs attentifs & éclairés reconnaîtront bientôt que le plan proposé par le cit. Lefebvre n'a aucun des caracteres de réprobation des loteries qui ont été l'objet de cette discussion. Nous pensons donc que cette brochure ne peut manquer d'être accueillie avec intérêt des vrais amis de la liberté, en raison des grandes & importantes parties d'économie politique qui y sont traitées, &c. &c. (*Magasin encyclopédique, 1er. prairial, an 5.*)

95 FOLIES (les plus courtes) sont les meilleures, ou l'infidele malgré lui. — . . . . . an 4, de l'imprimerie de Cocatrix l'aîné, éditeur. 2 vol. in-12. (*Cocatrix, rue d'Angivilliers*, n°. 154.) 5 l., 6 l.

Le style de ce roman est très-agréable; on y peint les passions avec cette vérité qui les rendrait dangereuses, s'il ne fallait pas faire quelques folies, avant de penser mûrement. Aussi ce roman justifie-t-il très-bien son titre. (A.)

— On trouvera sans doute dans le début de ce roman, des mœurs un peu lestes; mais ce défaut, si l'on peut en faire un reproche à l'auteur, est bien racheté, non-seulement par l'élégance & la rapidité du style, mais encore par l'hommage qu'il rend à la véritable vertu : par conséquent cette production a réellement un but moral, & l'on peut lui appliquer ce passage d'Horace : *Omne tulit punctum qui miscuit utile dulci.* (*Miroir, 14 prairial, an 5.*)

— Dans le grand nombre de romans érotiques que ce siecle a produits, il en est peu qui se fassent lire avec autant d'intérêt & de plaisir que celui que nous annonçons; quand une fois on en a commencé la lecture, on ne peut plus la quitter, & nous croyons cet éloge bien fait pour piquer la curiosité. (*Journal de Chaigneau, 17 prairial, an 5.*)

— Cet ouvrage peut être regardé comme un tour de force difficile à exécuter. L'auteur a mérité de s'en être tiré avec adresse, & d'avoir su répandre de l'agrément & un vif intérêt sur un sujet qui pourra faire froncer le sourcil à quelques gens un peu séveres. Nous croyons que la jeunesse l'accueillera. (*Petites Affiches, 25 prairial, an 5.*)

96 HEKEL aux assemblées primaires sur le rétablissement de la morale publique; an 5. (*Petit, Debarle, Leclere.*) 15 s., 20 s.

Tel est le titre d'une brochure nouvelle dont l'auteur est généralement estimé. Ses argumens sont puisés dans l'histoire des siecles, & dans une connaissance approfondie du cœur humain. (*Gazette française, 22 ventôse, an 5.*)

97 HÉLOISE & d'Abailard (lettres d') en vers français avec le texte latin à côté, précédées d'une vie très-détaillée d'Abailard, & suivies des imitations, en vers anglais & français, de Pope, Colardeau, & Dorat. — Paris, 1797, imprimerie de

Didot jeune, 3 vol. in-4., papier superfin d'Annonay, ornés de huit figures dessinées par Moreau le jeune. (J. B. *Fournier, rue Haute-feuille.*) 100 l.

— Idem, papier Jésus vélin, format des éditions de Didot jeune. 200 l.

Nous ferons mention de toutes les précédentes éditions de cet ouvrage sous le N°. 1465.

98 HYGIENE (discours d'introduction au cours d'), lu à la séance d'ouverture du lycée des étrangers, par Audin *Rouvieres*, médecin & professeur d'hygiene. — Paris, Magasin encyclopédique, an 5, 14 pages in-18. (*Magasin encyclopédique*. 6 s., 8 s.

Jusqu'ici, dans aucun établissement public, l'hygiene n'avait été professée; ce n'est qu'aux écoles de santé depuis cette année. On ne connaît seulement pas un ouvrage élémentaire sur cette science; il était digne du lycée élysien d'introduire un cours dans le lieu de ses séances, & d'en former une partie d'instruction publique.

Il n'est point d'art qui apporte à l'humanité des secours plus réels que ceux que l'hygiene offre à tous les hommes, & néanmoins il n'est pas de science sur laquelle ils paraissent plus indifférens. Son objet essentiel est de détruire les causes des maladies, ou de les prévenir. Elle a pour but principal d'apprendre le mode de s'opposer à la naissance de toutes les infirmités humaines, en indiquant des préceptes diététiques qui seront utiles à tous, en proposant des moyens puisés dans les arts. (*Extrait de l'ouvrage.*)

99 LABROUSSE (recueil des ouvrages de la célebre prophétesse Mademoiselle), du bourg de Vauxain en Périgord, détenue au château Saint-Ange à Rome depuis 1792 (vieux style), — Bordeaux, an 5, in-8. de 296 pages. (*Brossier, imprimeur, rue de la Liberté, n° 10, à Bordeaux; Cab. bibl. d'*) 3 l., 4 l.

Cet ouvrage contient les événemens les plus remarquables de notre révolution, qu'elle a non-seulement prédite long-temps avant qu'elle fût commencée, mais encore quand & comment elle se terminera. (*Courier républicain, 6 germinal, an 5.*)

100 ANATOMIE philosophique & raisonnée, pour servir d'introduction à l'histoire naturelle, par le citoyen *Hauchecorne*, ci-dévant professeur de philosophie au college des Quatre-Nations en l'université de Paris, avec cette épigraphe :

Nec si te validus jactaverit Auster in alto,
Idcircò navem trans Ægeum mare vendas.
HORAT. Ep. XI, ad Bullat. liber I.

— Paris, Delaplace, an 4, 2 vol. in-8. d'environ 300 pages chacun. (*Delaplace.*) 7 l., 9 l.

Cet ouvrage, fait pour inspirer un vif interêt à tous ceux qui aiment les arts, réunit la délicatesse & le goût; on peut dire que l'auteur a atteint le but qu'il s'était proposé, celui d'instruire & de plaire. (*Républicain français, 6 germinal, an 5.*)

— Mêler l'utile à l'agréable, est en effet l'objet que l'auteur a eu en vue. Ai-je eu le bonheur de réussir, demande-t-il ? C'est à l'œil sévere & juste du public qu'il appartient de le décider. L'on ne trouvera point dans cet ouvrage tous les détails propres aux opérations du chirurgien : mais il présentera aux lecteurs des vues philosophiques & plus d'une occasion de réfléchir. On y reconnaîtra une saine physiologie ou l'explication méthodique des principes & des phénomenes de notre existence ; c'est strictement la *philosophie* de l'anatomie ; c'en est l'ame. On y remarquera des rapprochemens utiles & des paralleles avantageusement déduits de l'anatomie comparée. Enfin, il offrira des rapports de chymie, c'est-à-dire, des notions suffisantes pour saisir les belles théories & les savans résultats qui donnent aujourd'hui tant de lustre à la physique, principalement sur la *digestion*, la nature du *sang*, la *respiration*, &c. &c. « (*Extrait de la préface.*)

101 COMMERCE & la paix (essai politique & philosophique sur le), considérés sous leurs rapports avec l'agriculture, par J. B. *Rougier-la-Bergerie*, membre du conseil d'Agriculture & de l'institut national de France, avec cette épigraphe :

« Sans la paix, point de commerce ; sans le commerce, point d'agriculture ; sans la paix, le commerce & l'agriculture, point d'état constitué & garanti. »

— Paris, Ch. L. Forget, an 5 (1797), in-8. de 500 pages. (*Forget, rue du Four Honoré.*) 3 l. 10 s., 5 l.

Cet ouvrage doit intéresser par le mérite connu de l'auteur. (*Décade philosophique, 20 germinal, an 5.*)

— Cet ouvrage est d'un homme parfaitement exercé sur la matiere qu'il traite, & dont la réputation est faite ; il est bien pensé, écrit avec une logique & une clarté rares ; son utilité est constante pour ceux qui aiment les raisonnemens justes, comme pour les personnes qui s'occupent de commerce & d'administration. (*Petites Affiches, 22 germinal, an 5.*)

— Un bon ouvrage sur le commerce & le besoin d'une paix prochaine & solide ne peut être que d'un grand intérêt : celui que nous annonçons est fait pour être médité.

Ecrit du style qui convient à la matiere, & souvent avec l'élan d'un patriotisme vertueux, il annonce des connaissances distinguées en économie politique. (*Journal littéraire de Clément, 10 germinal, an 5.*)

— On est si éloigné d'avoir en France des idées saines sur tout ce qui tient à la législation du commerce, & ce qui doit le faire prospérer, qu'on ne saurait trop recommander la lecture de cet ouvrage que je n'hésite pas à ranger dans la classe de ceux dont les principes sont extrêmement utiles à propager. (*Déjeûner, 17 germinal, an 5.*)

— L'auteur, qui certainement est un homme instruit, paraît avoir écrit cet ouvrage vraiment politique sous la dictée de l'amour du bien public & de l'humanité. Il est plein d'excellentes vues, de recherches & de réflexions, souvent très-judicieuses, sur les parties les plus essentielles de l'administration. Nous croyons ne pouvoir trop conseiller la lecture de cette excellente production. (*Nouvelliste littéraire, 30 germinal, an 5.*)

— Cet ouvrage renferme des vues nobles & utiles ; les objets les plus importans de l'administration sont présentés dans un style clair, facile, naturel, que soutient la vigueur du raisonnement & la justesse des réflexions. (*Postillon des Armées, 21 floréal, an 5.*)

— J'ai raſſemblé tous les matériaux que l'étude, l'expérience & mes fonctions législatives & administratives m'ont mis à portée de recueillir ; je les ai reſſerrés dans le cadre le plus étroit poſſible. Je ne me ſuis attaché qu'aux *principes* & aux *faits* pour tout ce qui concerne l'agriculture, le commerce, & particulierement celui des grains, afin d'appeller & de fixer, ſur des objets auſſi importans, la ſollicitude de nos magiſtrats & l'attention des citoyens éclairés, que tous les volumes écrits ſur cette matiere ont peut-être rebutés. J'ai taché de faire connaître les principes de finances qui conviennent à notre poſition actuelle, &c. &c. (*Extrait de l'introduction.*)

102 AGRICULTURE du diſtrict de la Rochelle (lettre ſur l'), & des diſtricts circonvoiſins, par un cultivateur (le citoyen Martin *Chaſſiron.*) — Paris, Marchand, 1797 (an 5), in-12. (*Marchand*) 20 ſ., 25 ſ.

Ce petit ouvrage, préférable à beaucoup d'ouvrages plus volumineux, préſente une foule de détails locaux, d'obſervations, d'expériences & de raiſonnemens qui ne peuvent manquer d'intéreſſer non-ſeulement le ci-devant diſtrict de la Rochelle, & tous les départemens environnans, mais encore tous ceux qui ont à cœur l'avancement d'un art qui eſt la baſe de toutes nos reſſources. Nous déſirons donc que cette brochure ſoit connue ſur tous les points de la république, & nous ne doutons pas que le citoyen Martin Chaſſiron ne trouve plus d'un imitateur. (*Feuille du Cultivateur, 17 ventôſe, an 5.*)

— Cet ouvrage eſt le réſultat d'un homme conſommé dans le premier des arts. (*Répertoire des Indications, 11 germinal, an 5.*)

103 HOLLANDE (projet de conſtitution pour la république de), combiné d'après les deux principes ; celui de la liaiſon intime des droits de l'homme avec ſes devoirs ; & celui de la ſurveillance mutuelle, ou l'équilibre politique entre les pouvoirs publics ; cet équilibre étant toujours entretenu, en cas de beſoin, par la ſeule influence du vœu national, ſagement, évidemment & promptement reconnu & exprimé ſans le concours d'aucune aſſemblée.

Ce même mode de gouvernement permettant par ſa nature l'uſage d'une adminiſtration ferme, active & paternelle, avec cette épigraphe :

« Sans paſſion & dans le calme de la vérité, hollandais, jugez de cette conſtitution. »

— Paris, Forget, 1797, in-8. de 200 pages, vignette. (*Forget, rue du Four Honoré.*) 40 ſ., 55 ſ.

Cette brochure, qui n'a pas beſoin de recommandation, eſt ornée d'une très-jolie vignette en taille-douce, d'un burin délicat, repréſentant le ſceau national hollandais.

104 ANGLETERRE (hiſtoire d'), traduite de l'anglais du docteur Robert *Henry*, 5 vol. in-4. (*Maradan.*) 50 l., 55 l.

Cette hiſtoire jouit d'une grande célébrité par les recherches variées & immenſes qu'elle contient. Les autres écrivains, ſans en excepter les plus célebres, ſe ſont bornés à l'hiſtoire civile & militaire. Le docteur Henry a embraſſé un plan nouveau & beaucoup plus juſte. Il renferme, en outre du grand nombre de sujets intéressans qu'il traite, l'Histoire de l'Ecosse & du pays de Galles, avantage que n'a pas l'ouvrage de Hume. Cet auteur lui-même, qui avait lu les deux premiers volumes de cette histoire, assure qu'il serait difficile de trouver dans la langue anglaise un second ouvrage qui réunît au même dégré de perfectionque celui-ci, l'instruction & l'agrément. (*L'éditeur.*)

105 BOTANIQUE (tableau synoptique de la) de B. & L. *Jussieu*, une feuille in-folio, grand atlas. (*Johanneau, rue du Coq Honoré.*) 12 s., 15 s.

Ce tableau présente, par des accollades très-symmétriques, les classes, les ordres & les différens genres les plus connus de la botanique : il a été imprimé aux frais du gouvernement pour l'école polytechnique. Il est indispensable pour les écoles centrales.

106 NATURE & l'art (la), roman traduit de l'anglais, par madame *Incbald*, auteur de Simple Histoire. — Genêve (Paschou), 1797, 2 vol. in-18 d'environ 200 pages. (*Maradan, Tavernier, Buisson.*) 50 s., 3 l.

Ce joli roman est très-agréablement écrit, & de plus fait pour émouvoir les ames sensibles; son but moral est d'apprendre aux riches à ne pas s'enorgueillir de leurs richesses; il dispose aussi le pauvre à se contenter de la place qui lui est assignée par le sort dans l'échelle sociale. (*Tableau de Paris, 12 germinal, an 5.*)

— Des caracteres pris dans la nature, rendus avec des couleurs variées, un dialogue vif & rapide entre les principaux personnages, des scenes intéressantes & des détails très-piquans : tel est le mérite de cet ouvrage, qu'après avoir lu, on sera tenté de relire. (*Journal d'indicat., 12 germinal, an 5.*)

— La Bibliotheque britannique nous avait déjà fait connaître un morceau de ce petit ouvrage très-intéressant & très-moral. Il est sorti de la plume de mistriss Inchbald, auteur du très-agréable roman intitulé : *Simple Histoire*, qui eut beaucoup de succès, il y a quelques années, lorsque le citoyen Deschamps en donna une élégante traduction. Il serait à désirer que le traducteur du nouvel ouvrage y eût mis autant de pureté de style, de graces & de goût, qu'il y en a dans *Simple Histoire* & sa suite, publiée par le même auteur, sous le nom de *Mathilde.* (*Décade philosophique, 20 germinal, an 5.*)

— Ce petit roman offre le rapprochement de deux jeunes gens, dont l'un a été entouré dès l'enfance d'une multitude de maîtres, & l'autre livré dans une isle remplie de sauvages, aux seules instructions de la nature. L'auteur les suit dans le cours de leur vie, & l'on devine en combien de circonstances la nature emporte sur l'art un avantage marqué. Ce petit ouvrage n'est pas dépourvu d'intérêt. (*Déjeûner, 22 germinal, an 5.*)

— La traduction de ce nouveau roman, plein de détails ingénieux & de scenes attendrissantes, soutient la réputation de madame Inchbald, & ne laisse aucun doute de la supériorité des anglais pour ce genre d'écrits. (*Actes des Apôtres, tome 3, n°. 4.*)

— Des scenes touchantes, des détails intéressans, des anecdotes piquantes, des leçons de la morale la plus pure, un contraste frappant de ce que la nature opere dans les cœurs qu'elle a formés, & de ce que l'instruction acheve pour les ames bien nées, font le charme du roman de l'Art & de la Nature.

Il y a quelquefois dans cet ouvrage de la force & de la dignité ; les portraits sont parfaitement dessinés, les caracteres approfondis, l'intérêt va toujours en croissant ; il languit à la fin du second volume : l'auteur n'a plus sa maniere, mais il a produit l'effet qu'on avait droit d'attendre ; & son dénouement, quoique faible, n'est pas sans mérite, &c. (*Journal d'Indications, 25 floréal, an 5.*)

107 NATURE & l'art (la), traduit de l'anglais par madame *Inchbald*, auteur de Simple Histoire, nouvelle traduction. — — Paris, 1797, 2 gros vol. in-18, beau papier & jolis caracteres. (*Tavernier, rue d'Argenteuil.*) 40 s., 50 s.

La célérité avec laquelle nous avons vendu le nombre d'exemplaires que nous avions reçus de l'édition de Geneve, quoique la traduction en fût très-fautive, & le style peu correct, est un présage heureux pour la nouvelle traduction que nous offrons au public. Nous avons non-seulement corrigé tous les défauts de la premiere traduction, mais nous avons de plus mis tous les soins possibles à son exécution typographique. A ces avantages, nous avons ajouté celui d'un prix très-modique. *Note de l'éditeur.*

108 RÉVOLUTION française (considérations philosophiques de la), ou examen des causes générales & des principales causes immédiates qui ont déterminé cette révolution, influé sur ses progrès, contribué à ses déviations morales, à ses exagérations politiques ; par le citoyen J. *Lachappelle.* — Paris, l'auteur, an 5, in-8. (*L'auteur, rue de la Vieille-Monnaie, n° 20, près celle des Lombards ; Benoist, imprimeur, rue de Varennes, n° 668 ; Fuchs ; Pâris ; Deroy ; Belin ; & Pothey, quai Voltaire, n° 22.*) 3 l., 4 l.

L'auteur de cet ouvrage entreprend de faire considérer sous le point de vue de la philosophie, les causes & les circonstances de la révolution française. Malheureusement nous ne croyons pas que la philosophie ait une marche constante & suive une route assurée. Chaque philosophe a une maniere de voir qui n'est qu'à lui, & tellement à lui, qu'il est très-rare de voir deux philosophes penser & raisonner de la même maniere sur le même fait. Par rapport à la religion chrétienne en particulier, il serait aisé de prouver que la plupart des torts que les philosophes lui reprochent, sont à eux & non à elle. La lecture de cet ouvrage n'a servi qu'à nous confirmer que les philosophes ne connaissaient pas plus la religion que la philosophie & la science de la législation, ce qui fait qu'ils confondent tout & n'instruisent pleinement sur rien. Malgré ces observations, que l'on a dû faire pour l'intérêt de la vérité, l'ouvrage dont il s'agit est estimable à plusieurs égards, & mérite certainement d'être lu. (*Nouvelliste littéraire, 15 prairial, an 5.*)

L'auteur, dans la préface, expose d'une maniere bien digne d'éloges, la base solide sur laquelle il se fonde, & les principes sages qui ont guidé sa plume ; c'est ainsi qu'il s'exprime : « Sévere pour les gens de bien, » croyant inutile de parler des méchans ; évitant d'injurier le peuple » français, & d'avilir la plus belle comme la plus juste des causes ; pous- » sant au reste la franchise jusqu'à l'ingénuité, plus d'un parti que nous » n'avons pas voulu servir, pourraient s'appuyer de nos assertions contre » les vrais philosophes, amis du nouvel ordre social, & ceux-ci auront » quelquefois à nous reprocher d'avoir manqué de prudence dans la ma- » niere de présenter nos idées. Mais si la position isolée que nous avons » choisie, ou plutôt dans laquelle nous plaçait notre caractere, est en effet

» la moins avantageuſe pour plaire, elle eſt peut-être auſſi la meilleure » pour être vrai. »

Des principes auſſi sûrs, auſſi juſtes, auſſi droits, & dont l'auteur ne s'écarte pas un inſtant, joints à un ſtyle attachant, ſont une bien forte recommandation pour cet ouvrage.

Il eſt ſuivi de notes hiſtoriques & inſtructives, qui ne peuvent manquer de plaire & d'intéreſſer. R.

Comme il eſt plus que probable que les journaux rendront compte de cette brochure qui ne fait que de paraitre, nous renvoyons au n°. 1281 à en reparler.

109 CIVILITÉ républicaine (la), cont. les principes d'une ſaine morale, & différens traits hiſtoriques tirés de l'hiſtoire romaine, ſuivis d'un vocabulaire de la langue françaiſe; ouvrage eſſentiellement utile & agréable aux jeunes citoyens de l'un & de l'autre ſexe, & propre à leur faire aimer & pratiquer les vertus. A l'uſage des écoles primaires; par le citoyen *Gerlet*. — Amiens, *Caron Berquier*, an 3, 116 pages in-12. (*Cab. bibl. d*) . 20 ſ., 24 ſ.

Il eſt malheureux pour l'inſtruction publique que le retour du peuple des campagnes aux *Croix-de-Jéſus*, aux *Civilités chrétiennes* & aux *Pſeautiers*, leur ait fait rejetter cet ouvrage, qu'ils croyent apparemment imbu des principes les plus anti-ſociaux, parce qu'il a été composé par un homme qui a publié quelques ouvrages pendant la terreur, mais qui eſt réellement écrit dans les meilleurs principes. On peut en juger au ſurplus par les titres des chapitres qui ſuivent.

Devoirs envers l'Être ſuprême; — amour du prochain; — honneur à la vieilleſſe; — éducation des enfans; — avantage des vertus; — ſur la ſageſſe; — amour de Dieu & des hommes; — mérite perſonnel; — choix d'un ami; — ſur la converſation; — ſur les rapports; — honneur aux vertus; — haine des vices; — ſur la gourmandiſe, &c. &c. &c. Nous ajoutons qu'on ne rencontre, dans cet ouvrage, aucune des puérilités, des niaiſeries de la *Civilité chrétienne*, ce qui ſera ſans doute le meilleur titre de recommandation auprès des inſtituteurs éclairés.

110 MATHÉMATIQUES pures (cours élémentaire & complet de), rédigé par *Lacaille*, augmenté par *Marie*, & éclairci par *Thevenot*, ancien profeſſeur de mathématiques de la marine de Breſt. — Paris, Courcier, gros volume in-8. enrichi de 12 planches. (*Courcier, rue Poupée*, n° 6.) † 5 l., 6 l.

On a rendu un ſervice eſſentiel aux ſciences exactes en réimprimant cet utile ouvrage, dont l'édition était épuiſée. Les éclairciſſemens que le citoyen *Thevenot* y a ajoutés, & les planches dont cette nouvelle édition eſt enrichie, lui donnent un mérite que n'ont pas les premieres.

111 HOWARD (vie de Jean), célebre philanthrope anglais, ou caractere & ſervices publics de ce bienfaiteur des priſonniers, traduite de l'anglais d'*Aikin*, par A. M. H. *Boulard*, avec cette épigraphe:

« Ils ſont aſſez punis par leur ſort rigoureux,
Et c'eſt être innocent que d'être malheureux. »

— Paris, 1796, an 5, in-12. de 175 pages. (*Décade philoſophique, rue Thérèſe, butte des Moulins*) 20 ſ., 30 ſ.

Howard a vu toutes les prifons & tous les hôpitaux de l'Europe ; fa vie entiere a été employée à recueillir & à publier des vues utiles pour le foulagement des malheureux. C'eft le précis de fes travaux. (*Journal des Hommes libres*, *29 pluviôfe*, *an 5.*)

—Cette vie eft un cours de philanthropie en action, particulierement en ce qui regarde les détenus dans les prifons. On y trouve beaucoup d'obfervations fur ces prifons & fur ceux qui y font renfermés. Howard eft mort à Cherfon dans le cours d'un voyage le 20 janvier 1790. (*Journal des Savans*, *30 ventôfe*, *an 5.*)

112 INVENTEURS, favans, artiftes & capitaliftes (projet de de fociété d'), pour l'exécution des inventions et découvertes utiles pour créer ou rétablir toutes manufactures, fabriques, ufines & exploitations utiles aux arts & au commerce. Par le citoyen *Bonnemain*. — Paris, Feuille du Cultivateur, 1797, an 5, in-8. 23 pages. (*Feuille du Cultivateur*) 10 f., 12 f.

Il ferait à defirer que cette petite brochure fût univerfellement répandue, & que l'on fe pénétrât bien de fon importance ; on ne verrait pas tant d'entreprifes abandonnées par des milliers de gens qui préferent la honte de fe dégrader à la gloire de fervir les arts dont ils tirent leurs plus douces jouiffances. (A.)

113 ASSIGNATS (tableau complet de la valeur des), des refcriptions & des mandats jour par jour depuis leur émiffion, contenant le cours des changes fur les principales places, celui du lingot d'or & d'argent & des infcriptions fur le grand livre, &c., avec un calendrier pour l'an 5, par Antoine *Bailleul*. — Paris, an 4, in-8. de 42 pag. (*Bailleul.*) 24 f., 30 f.

L'utilité de cet ouvrage eft fi grande, qu'il en eft déjà à fa 13e. édition depuis le peu de temps qu'il paraît.

114 CULTIVATEUR (feuille du), rédigée par les citoyens *Dubois*, *Lefebvre* & *Parmentier*, membres de la ci-devant fociété d'agriculture de Paris, avec une table raifonnée des matieres. — Paris, imprimerie de la feuille, 1796, an 4. tom. 6, in-4. d'environ 450 pages. (*Marchand*, *rue des foffés Victor*, nº 12.) 10 l., 12 l.

Il ne refte que quelques exemplaires de cette feuille, qui date de 1788.

— Un ouvrage qui, comme la *Feuille du Cultivateur*, eft le réfultat des effais de tous les départemens, ne peut qu'offrir des rapprochemens propres à lever tous les doutes des cultivateurs ; & fous ce point de vue feul, cette feuille pourrait être confidérée comme le complément indifpenfable des bons livres agronomiques.

Mais elle a une utilité encore plus marquée, elle établit une correfpondance réglée entre tous les cultivateurs de la république ; ils y dépofent leurs doutes, leurs queftions, les réfultats de leurs effais ; ils y trouvent des faits qui peuvent les éclairer, foit pour changer, ou améliorer leur culture ; ils y acquierent la connaiffance de la pratique des pays agricoles étrangers ; en un mot, cette feuille eft un moyen fans ceffe renaiffant d'exciter leur émulation. Il n'eft pas jufqu'à fa forme qui ne foit avantageufe pour eux. La plupart n'ont pas le temps de lire ou d'étudier un livre : mais une feuille fimple rédigée fans l'appareil fcientifique qui pourrait les effrayer, ne contenant que des faits, & rarement des opinions fyftématiques, femble leur convenir d'une maniere toute particuliere. Auffi cette feuille commence-t-elle à être connue & appréciée, & sa collection déjà considérable est un des recueils les plus précieux & les plus variés.

La sixieme année de la Feuille du Cultivateur commence en ce moment, & les auteurs, animés d'un nouveau zele, s'occuperont sans relâche des moyens de la rendre de plus en plus utile. (*Extrait du discours préliminaire.*)

— Il reste quelques collections de cet ouvrage précieux, dont l'utilité est reconnue par les heureux changemens qu'il a produits dans l'agriculture française, par les encouragemens du gouvernement, & par ses propres succès depuis 1788. (*Républicain français, 25 floréal, an 5.*)

115 NÉCESSAIRE du Républicain, contenant les principes de la grammaire française, à l'usage des deux sexes; de l'arithmétique décimale, & de la tenue des livres à parties doubles; la maniere de vérifier les écritures falsifiées, suivie d'un cours de morale, par M. F. *Baron*, artiste-écrivain, juré-vérificateur & teneur de livres à Tours, &c. — Paris, *Fantelin*, an 2, in-8. de 112 pages. (*Cab. bibl.*) 20 s., 25 s.

Tout petit que soit cet ouvrage, il est nécessaire à tout le monde, & sur-tout à ceux qui se destinent au commerce, & c'est à eux qu'il est spécialement consacré. Ils y trouveront, avec les principes de la grammaire, les moyens de calculer avec facilité les parties décimales, une méthode aisée pour bien gérer & administrer les affaires commerciales, en tenant les écritures connues sous le nom de *parties doubles*, & pour démasquer ceux qui ont la bassesse de contrefaire des écritures ou signatures. Il y a ensuite des principes faciles à saisir, qui procureront l'art de n'être point dupe d'une feinte imitation, &c.

116 OSSIAN, fils de Fingal, barde du troisieme siecle; poésies galliques, trad. de l'anglais de M. Macpherson, par *Letourneur* & *Hill*, nouvelle édition. — Paris, Favre, Duchesne, an 5, 7 vol in-18. figures. (*Favre*, *B. Duchesne*, *Dufart.*) 6 l., 7 l.

Ossian, barde ou druide écossais du troisieme siecle, prit d'abord le parti des armes. Après avoir suivi son pere Fingal dans ses expéditions, principalement en Irlande; il lui succéda dans le commandement. Devenu infirme & aveugle, il se retira du service, & pour charmer son ennui, il chanta les exploits des autres guerriers, & particulierement ceux de son fils qui avait été tué en trahison. Malvina, veuve de ce fils, restée auprès de son beau-pere, apprenait ses vers par cœur, & les transmettait ainsi à d'autres. Ces poésies ayant été conservées de cette maniere pendant 1400 ans, M. Macpherson les recueillit dans le voyage qu'il fit au nord de l'Ecosse & dans les isles voisines, & les fit imprimer, avec la version anglaise, à Londres, en 1765, 2 vol. in-folio. Elles y ont été traduites en français, par M. Letourneur, 1777, 2 vol. in-8°., avec des notes. Cette édition doit se trouver chez Mérigot & Blanchon. Celle-ci est augmentée de plusieurs poëmes qui n'ont point encore paru, & qui étaient échappés aux recherches de Macpherson. Ils sont traduits sur la version anglaise de John Smith, imprimée à Edimbourg en 1780. On lit dans la préface de ce traducteur, qu'il a parcouru les parties occidentales des montagnes & des isles d'Ecosse, afin d'y recueillir les ouvrages de ce genre, conservés par la tradition ou autrement, & que Macpherson n'avait pas été à portée de connaître. Il dit en avoir rassemblé un grand nombre dont il ne publie que les plus intéressans. Il appuie leur authenticité, & il nomme plusieurs particuliers, recommandables par leur probité & leurs lumieres, entre les mains desquels sont déposés les originaux. Ces poëmes, traduits par *Griffet-la-Baume*, sous le nom de *Hill*, comprennent les trois derniers volumes, & ceux de *Letourneur* les quatre premiers.

117 APHRODISIAQUES (les), recueil de romans libres, rares & singuliers. — Paris, 1797, 3 vol. in-18. d'environ 160 pages chacun, & figures. (*Mercier, rue Champfleuri.*) 3 l., 4 l.

Cet ouvrage contient 1°. Hocrion, ou le chevalier qui fait parler les ......, conte allobroge; 2°. Cléon, rhéteur cyrénéen, ou apologie d'une partie de l'histoire naturelle; 3°. l'histoire du prince Apprius, par *Beauchamp*; 4°. Margot la Ravaudeuse, par *Fougeret de Monbron*; 5°. Mirima, impératrice du Japon, histoire galante, par l'auteur du Cousin de Mahomet (*Fromaget.*)

Parmi ces romans plus ou moins licencieux, l'un d'eux se fait remarquer par une singularité qui fait honneur à l'imagination de son auteur (M. *de Beauchamp*), c'est l'histoire du prince Apprius. Ce roman est très-libre; mais il est écrit de telle maniere, qu'il faut en avoir la clef pour le trouver tel. Cette clef est à la fin du volume. Celui qui ne la connaîtrait pas, ne trouverait rien, dans ce roman, qui pût choquer sa délicatesse; enfin, nous dirons que, sans elle, ce livre pourrait être lu par les personnes les plus décentes.

118 CALCUL différentiel & intégral (traité du), par S. F. *Lacroix*, 1 vol. in-4. (*Duprat*) 15 l., 18 l.

Ce premier volume comprend le calcul différentiel, ses applications analytiques, une théorie complette des courbes, des surfaces courbes, & des courbes à double courbure. Il est précédé d'une introduction.

Le public ne lira pas sans intérêt le résultat du rapport qui a été fait sur cet important ouvrage, à l'institut national, par deux des plus grands géometres de la nation, Laplace & Legendre.

« Présenter avec clarté des théories difficiles, les lier avec d'autres » théories connues, dépouiller quelques-unes de la partie systématique » ou erronée dont elles ont pu être obscurcies à leur naissance, répandre » sur le tout un égal dégré de lumiere & de précision; en un mot, faire » un ouvrage qui soit à-la-fois élémentaire & à la hauteur actuelle de la » science : tel est le but que s'est proposé le citoyen *Lacroix*, & qu'il » n'a dû remplir sans s'engager dans de profondes recherches, & marcher » souvent de front avec les inventeurs. » ....

..... « Il résulte de notre examen, que l'ouvrage du citoyen *Lacroix*, » aussi important dans son objet que dans son exécution, renferme tout ce » qui, dans l'état actuel de la science, peut constituer un traité complet de » calcul différentiel & de calcul intégral. Il nous paraît qu'il se fera distin- » guer par le choix des méthodes, leur généralité & la rigueur des dé- » monstrations, &c. »

119 MALADIES vénériennes (méthode nouvelle de traiter les), par les gâteaux toniques mercuriels, sans clôture, & parmi les troupes sans séjour d'hôpital; ouvrage dans lequel on donne la composition desdits gâteaux, ainsi que celle d'une pommade particuliere. On y rend compte de quelques expériences endiométriques. Par feu le citoyen *Bru*, maître en chirurgie, ancien chirurgien d'armée & d'infanterie, chirurgien-major de la marine, directeur des établissemens de

ſanté dans tous les ports & arſenaux de France, &c.; fait & publié par ordre de l'académie de chirurgie de Paris. — Paris, Croullebois, 1789, 2 vol. in-8. d'environ 325 pages. (*Croullebois, & la citoyenne Rigault, dépoſitaire des gâteaux anti-vénériens, rue des Canettes, n°. 527, faub. Germain.*) 6 l. 12 ſ., 8 l.

Les malades vénériens compoſent dans les troupes les deux tiers de ceux qui entrent aux hôpitaux. Cet ouvrage a pour but leur traitement en les conſervant à leurs fonctions. Les avantages & l'efficacité de ce traitement ſont conſtatés par des expériences & des certificats; ouvrage vraiment claſſique, dans lequel les gens de l'art trouveront la théorie & la pratique de l'art médical. (*Proſpectus.*)

120 LOGARITHMES (tables portatives de), contenant les logarithmes des nombres depuis 1 juſqu'à 108,000. Les logarithmes des ſinus & tangentes de ſeconde en ſeconde pour les cinq premiers dégrés, de 10 en 10 ſecondes pour tous les dégrés du quart de cercle, & ſuivant la nouvelle diviſion centéſimale, de 10 millions en 10 millions; précédées d'un diſcours préliminaires ſur l'explication, &c. des logarithmes, & ſur leur application à l'aſtronomie, &c., ſuivies des nouvelles tables plus approchées, de pluſieurs autres utiles à la recherche des longitudes en mer; par Fr. *Callet*: édition ſtéréotype, gravée, fondue & imprimée, par Firmin *Didot*. — Paris, 1795, an 3, 2 vol. in-8. d'environ 350 pages chacun. (*Firmin Didot, rue de Thionville.*) 14 l., 15 l.

L'édition des tables de Gardiner, entrepriſe par Alexandre Jombert, & imprimée par F. A. Didot, s'épuiſait rapidement; le citoyen Firmin Didot publie aujourd'hui une édition nouvelle. Par le titre, qui eſt preſque un extrait, on voit de combien de choſes cette nouvelle édition eſt augmentée. Nous pouvons ajouter que tout y eſt perfectionné. (*Clef du Cabinet, 24 nivôſe, an 5.*)

121 ITALIE (épitre ſur l'), ſuivie de quelques autres pieces de Théodore *Deſorgues*. — Paris, an 5, broch. in-8. de 48 pages, beau papier, caractere Didot. (*Deſenne.*) 20 ſ., 25 ſ.

Les circonſtances actuelles ajoutent un intérêt de plus à ce recueil. L'auteur paye un tribut poétique à l'Italie & aux grands hommes qui l'honorent, & qui ſont encore vivans. (*Décade philoſ., 30 germ., an 5.*)

122 ENCYCLOPÉDIE méthodique ou par ordre de matieres; par une ſociété de gens de lettres, de ſavans & d'artiſtes. — Paris, Pankouke, 1782 & années ſuivantes; ouvrage dont le nombre de volumes qui paraiſſent eſt indiqué dans le tableau des 61 premieres livraiſons qui ſuit, & coûtent, ſans y comprendre le port, 1590 l.

C'eſt, comme on ſait, aux efforts réunis des ſavans & gens de lettres les plus diſtingués, que nous devons cette grande & immenſe entrepriſe, dont la France & notre ſiecle s'honorent avec juſtice, & qui ſe continue, malgré tous les obſtacles, avec le plus grand ſuccès. Nous avons cru faire plaiſir à nos lecteurs, de leur préſenter un tableau général des volumes qui ont paru juſques & compris la ſoixante-unieme livraiſon.

TABLEAU des 61 1eres. livraiſons de l'Encyclopédie méthodique.

ORDRE des MATIERES.	INDICATIONS des livraiſons dont les volumes font partie.	NOMBRE des vol. qui ont paru.	Parties com-plettes.
Agriculture..........	23, 38, 43, 51, 56, 59.........	3 vol.	
Amuſemens des ſciences.	51	1	complet
Antiquités...........	18, 24, 28, 37, 40, 46, 49, 53, 58, 59..................	5	complet
Architecture..........	27, 41......................	1	
Art Militaire..........	10, 14, 16, 20, 22, 25..........	3	
Arts & Métiers........	1, 3, 4, 6, 10, 12, 16, 22, 29, 35, 35, 39, 41, 46, 43, 52.......	8	
Aſſemblée nationale...	50. T. 2. (le 1er. n'a pas paru)	1	
Beaux-Arts...........	27, 34, 43, 54................	2	complet
Botanique............	6, 14, 20, 26, 34, 48, 61.......	3 & de.	
Chaſſe...............	59	demi.	complet
Chirurgie............	40, 47, 52....................	1 & de.	
Chimie..............	18, 35, 55....................	2	
Commerce............	3, 5, 7, 11, 25................	3	complet
Economie, Politique & Diplomatie.........	8, 15, 19, 24, 27, 29, 29, 39....	4	complet
Encyclopediana.......	45..........................	1	complet
Equitation, Eſcrime, Danſe & art de nager.	18..........................	demi.	complet
Finances.............	9, 15, 21, 23.................	3	complet
Forêts & Bois.........	48..........................	demi.	complet
Géographie ancienne...	24, 28, 32, 41, 48, 60........	3	complet
Géographie moderne..	2, 4, 8, 24, 26, 28...........	3	complet
Géographie phyſique...	59..........................	demi.	
Grammaire & Littérat..	2, 4, 8, 14, 18, 26...........	3	complet
Hiſtoire.............	7, 9, 20, 26, 29, 33, 39, 47, 46, 57.	5	
Hiſtoire naturelle......	1, 5, 7, 11, 22, 30, 31, 41, 44, 47, 51, 54, 61................	7	
Hiſtoire nat. des vers...	32, 48......................	1	
Juriſprudence, Police & Municipalité........	1, 2, 4, 5, 7, 11, 12, 14, 16, 19, 21, 23, 25, 31, 30, 34, 42, 50.. (la 2e, partie du tome 8 n'a pas encore paru.)	9 vol. & demi.	
Logique..............	16, 20 28, 31, 33, 36, 42, 46 ...	4	complet
Manufacture, &c......	13, 13, 36, 36, 50...........	3	
Marine..............	5, 11, 17, 19, 23, 24........	3	complet
Mathématiques........	10, 15, 19, 30, 54	3	
Médécine............	22, 38, 44, 49, 47, 49, 52, 56, 53, 57, 54, 56........	6	
Muſique..........	43..........................	demi.	
Pêches..............	60..........................	demi.	complet
Philoſophie anc. & mod.	45, 49, 52, 56, 58..........	3	
Phyſique.............	55..........................	1	
Syſtême anatomique....	53. C'eſt le tome 2.......... (le premier n'a pas encore paru)	1	
Théologie............	25, 27, 30, 35, 39, 45.......	3	complet
Atlas................	24, 30......................	1	complet
Planch. d'arts & métiers.	3, 6, 9, 12, 21, 17, 32, 42..	8	
Planches d'hiſtoire nat..	28, 33, 37, 38, 40, 44, 46, 47, 48, 49, 50, 51, 53, 55, 57, 58, 60, 61.	18 part.	

Ainsi, les 61 livraisons qui ont déjà paru ont fourni 105 volumes & demi de discours, 8 volumes de planches d'arts & métiers, 18 parties de planches d'histoire-naturelle, & un atlas.

Tel est le tableau des livraisons de ce magnifique ouvrage. Les 60 & 61e. viennent de paraître; l'une contient, en trois demi-volumes, 1°. la 17e. partie des planches d'histoire naturelle, formant la 7e. centurie de celles de la botanique, par le citoyen *Lamarck*, de l'institut national, professeur & administrateur du Muséum d'histoire naturelle.

2°. La 2e. partie du 3e. & dernier volume de la géographie ancienne, par le citoyen *Mentelle*, de l'institut national.

3°. Le dictionnaire des pêches, par le citoyen *Lacombe*, auteur de plusieurs dictionnaires de l'Encyclopédie, & notamment de celui des arts & métiers.

On a joint à cette livraison le tableau de celles déjà faites, d'après lequel nous avons composé celui qui précede, & qui est de nature à faire voir qu'on ne doit plus craindre que l'ouvrage ne finisse pas.

La soixante & unieme livraison contient la dix-huitieme partie des planches d'histoire naturelle, consistant en 100 planches d'insectes.

Le tome 4, 1ere. partie, dictionnaire de botanique, par *Lamarck*.

Le tome 7, 2e partie de l'histoire naturelle des insectes.

Le prix de ces dernieres livraisons est de 31 l. en feuilles, & de 33 liv. broché chacune. Nous rendrons compte de la prochaine sous le n°. 1230.

123 CHANGES & arbitrages (traité des), où l'on donne 1° une idée générale & distincte des changes & lettres de change, l'explication des termes du commerce qui y ont rapport, les principes généraux de la jurisprudence du commerce, des lettres de changes & les usances & jours de faveur; 2° les monnaies & prix courans des changes des places de commerce sur le pied actuel; 3° des regles générales avec des exemples pour chiffrer les changes & l'explication de la regle conjointe; 4° un traité du pair des monnaies, avec la méthode de le trouver, & une table qui indique à peu-près le rapport actuel des différentes monnaies de l'Europe; 5° un traité des arbitrages de change & de marchandise, où l'on donne tous les calculs concernant les spéculations & les opérations des banquiers & des négocians, tant sur la banque que sur la marchandise; enfin, le rapport des poids & des mesures; ouvrage dans lequel on s'est attaché à l'ordre & à l'exactitude; mis au jour principalement en faveur de ceux qui se destinent au commerce, par Pierre *Sennebier*, nouvelle édition. — Lausanne, J. P. *Giegler*, 1797, 440 pages in-4. (*Fuchs*) 9 l.

Cet ouvrage, déjà connu par la clarté des calculs, une analyse succincte de la jurisprudence commerciale, & de tous les moyens qui peuvent faciliter & assurer les opérations de commerce, était épuisé; son utilité a déterminé les éditeurs à donner au public une nouvelle édition. (*Petites affiches*; *27 ventôse, an 5.*)

124 ARGONAUTES (l'expédition des), ou la conquête de la toison d'or, poëme en 4 chants; par Apollonius de Rhodes, traduites pour la premiere fois du grec en français, par J. J. A. *Caussin*, professeur au collegè de France. — Paris, an 5,

in-8. de 400 pages, & 56 pour les prolégomenes. (*Moutardier, Deroi, J. Ch. Lavaux, imprimeur, à Conflans-Charenton, rue Bordeaux, n° 12.*) 5 l., 6 l.

La beauté de l'exécution typographique ajoute encore au prix de cet ouvrage, une des meilleures productions qui aient paru depuis long-temps en notre langue. (*Décade philosophique, 10 pluviôse, an 5.*)

125 CHRONOLOGIE. Tables chronologiques qui embrassent toutes les parties de l'histoire universelle, année par année, depuis la création du monde, publiées en anglais par John *Blair*, & traduites par le citoyen *Chantreau*, professeur d'histoire de l'école centrale du département du Gers, qui les a continuées jusqu'à la paix conclue avec l'Espagne l'an 4 de la république française. — Paris, 1795, in-4., papier grand raisin, avec deux grandes cartes biographiques. (*Agasse, rue des Poitevins*). Papier ord. 21 l.; papier fin, 24 l.

Ces Tables chronologiques peuvent suppléer avec avantage à l'art de vérifier les dates, en ce qu'elles sont moins volumineuses, & qu'elles embrassent une plus longue période de temps. Elles sont d'une utilité indispensable pour les bibliotheques publiques & particulieres, & sur-tout pour l'éducation de la jeunesse. Elles ne peuvent que faire l'éloge du citoyen Chantreau, soit pour l'exactitude de la chronologie, soit pour leur précision mathématique. (*Moniteur, 4 floréal, an 5.*)

— Ces Tables, très-utiles par leur composition, sont exécutées avec une précision & une élégance qui font honneur à l'imprimeur, le citoyen Boiste, qui y a donné ses soins. En tout, cet ouvrage mérite d'être dans toutes les bibliotheques. (*Nouvelles politiques, 16 floréal, an 5.*)

— Le point d'utilité de ces Tables chronologiques est de présenter dans un volume assez peu considérable (56 tables), la suite & le concours des évenemens remarquables depuis la création du monde: la suite en lisant chaque colonne perpendiculairement; le concours, en jettant les yeux sur les espaces renfermés entre les lignes qui partagent horizontalement ces mêmes colonnes. Chaque colonne est destinée à chacun des principaux empires. Trois colonnes particulieres sont destinées, l'une aux hommes célebres, l'autre aux événemens remarquables, la troisieme aux ministres d'état. C'est pour la partie de l'ere vulgaire, qui est antérieure à la naissance de J. C., un supplément à l'art de vérifier les dates; pour les temps postérieurs à cette époque, un abrégé bien fait de ce même ouvrage. (*Journal des Savans, 16 floréal, an 5.*)

126 CONSTRUCTIONS publiques & économiques (mémoires sur différentes questions de la science des), qui ont successivement remporté le prix des académies, &c.; par M. *Aubry*, inspecteur-général des turcies & levées, membre de diverses académies. — Lyon, in-4. de 192 pages d'impression, avec planche. (*Firmin Didot, rue Dauphine*). 7 l. 10 s.

127 ASPHIXIÉS par le méphitisme (instructions sur le traitement des); des noyés; des personnes qui ont été mordues par des animaux enragés; des personnes qui ont été empoisonnées; de celles qui ont été réduites à l'état d'asphixie, par le froid: avec des observations sur les causes de ces accidens, &

www.ingramcontent.com/pod-product-compliance
Ingram Content Group UK Ltd.
Pitfield, Milton Keynes, MK11 3LW, UK
UKHW021312190726
13839UKWH00007B/1189

9 782329 105451